Lâche un peu ton ordinateur!

« C'est la vie aussi »
Collection dirigée par Bernadette Costa-Prades

« Si on m'enlève Internet, c'est même pas la peine ! »

Thomas, 16 ans

Béatrice Copper-Royer
Catherine Firmin-Didot

Lâche un peu ton ordinateur!

Comment mettre des limites?

Albin Michel

Introduction

Ordinateur, imprimante, abonnement à haut débit... Vous voilà équipés de la parfaite panoplie du cybernaute accompli. Comme plus de 11 millions de foyers français. Un chiffre qu'il faudra constamment revoir à la hausse (et déjà à l'instant où vous lirez ces lignes), car l'hexagone connaît la plus forte croissance mondiale de connections à Internet.

Ces dépenses vous ont paru le meilleur des investissements. Et vous avez raison puisque, désormais, aucun secteur ne peut compter sans le Web : des loisirs jusqu'à l'information, en passant par les transports, la communication, l'économie, la recherche, et bien d'autres domaines encore.

Vous avez estimé, là encore avec raison, que dans cette «potion», il fallait mieux faire tomber vos enfants étant petits. Les tenir à l'écart de ces technologies reviendrait à les rendre infirmes dans le monde de demain. Et même dans celui d'aujourd'hui, car ils pourraient se trouver handicapés dans leurs travaux scolaires. Ces arguments-là, ils vous les ont certainement développés dans les grandes largeurs, arguant que les professeurs exigent constamment des recherches de textes et d'images pour prolonger leurs cours, qu'un bon exposé ne se fait pas sans les documents les plus pointus... Bien sûr introuvables en bibliothèque... Qu'en la matière, la concurrence est forte entre les élèves... Ils ont peut-être su aussi toucher votre corde sensible et activer un brin de votre culpabilité, faisant valoir que, de toute façon, vous n'aviez ni le temps ni les compétences pour les aider dans ce travail parascolaire.

Forts de ces arguments imparables, vous avez opté pour l'équipement le plus performant. Avec l'impression d'offrir à votre progéniture une gigantesque encyclopédie, doublée d'une superdocumentaliste capable de trouver la moindre information en un temps record, là précisément où vos connaissances flanchent un peu.

Il est clair que nous avons tous pensé que ce soutien rendrait nos enfants très performants, mieux et plus tôt que nous-mêmes ne l'avons été. Rêve secret de bien des parents ! Ces considérations ont donc été décisives, car nous sommes aujourd'hui particulièrement sensibles à ces promesses de performance et de précocité, qui sont accentuées par une société qui développe toujours davantage notre sens de la compétition.

Puis, au fil des jours, vous avez peut-être été décontenancés : dans cette « super-encyclopédie », vos enfants

se sont plongés avec ardeur, certes. Pour manier la machine, ils sont même devenus les plus experts de la famille. Mais cette assiduité excessive laisse perplexe. Internet est devenu la première occupation des enfants de 10 à 15 ans, détrônant la télévision. Ceux-ci détiennent même la palme européenne du temps passé devant leur ordinateur. En 2004 déjà, 61 % des jeunes Français de 15-25 ans préféraient Internet à la télévision. Il faut bien se rendre à l'évidence : la passion qu'ils y mettent indique clairement que ce n'est pas pour en faire l'usage escompté au départ. On ne peut pas dire que leurs résultats scolaires aient vraiment décollé ! Leurs exposés n'en sont pas devenus si brillants !
Mais alors, que font-ils si concentrés derrière leurs écrans ? Parfois un peu de recherche de documentation, mais surtout beaucoup de communications en tout genre (chats, blogs, mails), énormément de jeux, pas mal de téléchargement de musique et de films... En réalité, nous n'en avons qu'une idée assez vague, d'autant que les adolescents sont très habiles pour brouiller les pistes. Quelle aubaine pour eux, de pouvoir assouvir leurs passe-temps favoris, sans en avoir l'air, assis sagement à un bureau dans la posture du travailleur acharné. Vous ne soupçonnez peut-être pas à quel point ils sont experts dans la pression infinitésimale de

l'index sur la souris, histoire de faire disparaître instantanément, sans en avoir l'air, une «fenêtre» un peu trop ludique, et d'afficher une «page» plus sérieuse.

Face à cela, nous voilà un peu ignorants et décontenancés. Nos arguments mille fois employés pour les écarter de la télévision sont ici mal adaptés. Vos enfants l'ont bien compris et vous renvoient désormais dans vos buts. Non, ils ne vont pas devenir crétins... Non, ils n'avalent pas tout passivement... Non, on ne déverse aucune médiocrité dans leur esprit béat... Il s'agit en effet de tout autre chose.

Si nous étions massivement d'accord pour considérer que la fascination de nos enfants pour le petit écran pouvait à haute dose être un fléau, nous ne pouvons pas porter un jugement aussi univoque sur Internet. Lequel a de multiples facettes : les meilleures comme les pires. Cet outil qui, à juste titre, jouit d'une bonne réputation contient aussi plein d'écueils : il ne faut pas se voiler la face.

Aussi notre propos n'est-il pas ici de diaboliser Internet, mais de tenter de mieux faire avec. Pour que cette avancée technologique ne devienne pas un sujet supplémentaire de souffrance, d'abus et de débordement, nous, les parents, avons besoin d'établir des repères plus clairs et mieux adaptés, d'inventer de nouvelles règles.

Nous nous proposons de vous en suggérer certaines, de vous aider à établir quelques principes de régulation, de surveillance et de dialogue, sachant que rien ne peut se faire en se tenant à distance de ce nouvel outil. Pour comprendre pourquoi il fascine tant nos enfants, pour savoir comment intervenir avant que les excès ne deviennent pathologies, il va falloir se mettre au courant : comprendre les subtilités et les possibilités d'Internet, ne plus ignorer la différence entre chat et MSN, connaître l'existence des sites indésirables, la teneur des jeux vidéo, les dispositions juridiques face au piratage... La qualité du dialogue que vous entamerez sur ce sujet avec vos enfants en dépend. Nous allons tenter de vous guider dans cette nébuleuse le plus clairement possible.

Chapitre 1
Savoir ce qu'ils font

C'est un peu la règle de base : vous ne pourrez ni maîtriser ni limiter l'utilisation d'Internet, en ignorant totalement les possibilités de l'outil informatique. Rassurez-vous, cela n'a rien de bien compliqué. Voici quelques définitions simples pour comprendre d'abord, puis pour tenter de mettre au point une réglementation intelligente.

«Tu n'y connais rien!» Cette petite phrase, vos enfants vous l'ont répétée maintes fois. Et on ne peut pas dire qu'ils montrent beaucoup d'enthousiasme pour y remédier en vous initiant à leurs activités d'internautes. De guerre lasse, vous avez désespéré d'y comprendre quelque chose... Comme beaucoup de parents, puisque 72 % d'entre eux, en effet, ignorent ce que font leurs enfants sur le Web!

Pour commencer, voici quelques éléments de base, pour mieux comprendre de quoi ils parlent.

Mail

Sans doute le mail est-il l'outil informatique que vous connaissez le mieux, pour l'utiliser dans le quotidien de votre vie professionnelle. Mais, pour ceux qui n'ont pas l'occasion dans leur travail de communiquer de cette façon, rappelons que les mails sont des messages qui arrivent très vite, certes, mais qui restent des messages différés. Ces courriers électroniques s'apparentent à des lettres ou à des télégrammes ultrarapides. Les enfants les pratiquent peu, car ils leur préfèrent les messageries instantanées (surtout MSN) qui, elles, ressemblent plus à des conversations téléphoniques : au lieu d'y utiliser la voix, on se sert de l'écrit. Suprême avantage par rapport au téléphone, leur coût est nul.

MSN

MSN est une messagerie instantanée. Elle fonctionne sur le principe d'un cercle d'amis qui se retrouvent pour discuter

exclusivement entre eux. Élodie, par exemple, établit la liste des copains avec lesquels elle souhaite converser : celle-ci se compose d'une cinquantaine de noms d'amis proches, de cousins, ou d'autres moins proches qu'elle a rencontrés en vacances. Pour faire entrer sa nouvelle amie Charlotte, elle inscrit l'adresse Hotmail de celle-ci. Lorsque Charlotte ouvrira MSN Messenger de chez elle, une fenêtre (ou un petit encadré) lui demandera si elle accepte de figurer dans la liste d'Élodie.
Quand Élodie veut discuter, elle ouvre MSN : une fenêtre lui indique ceux de la liste qui sont connectés à ce moment-là. S'il n'y a personne à qui elle veut parler, elle pourra revenir plus tard. En attendant, elle va faire des recherches sur Internet pour un exposé. Mais, tout à coup, une petite fenêtre apparaît en émettant un bip : «Frodon s'est connecté.» C'est le surnom de Gaspard, un type très sympa de sa classe : elle va donc entrer en piste. Au cours des discussions, Élodie peut bloquer un certain nombre de personnes, pour qu'elles ne viennent pas lui parler : Armand, qui la soûle et qui raconte n'importe quoi ; Juliette, à qui elle n'a pas envie de répondre. La plupart du temps, elle mène des conversations à deux, bien qu'il lui soit possible d'élargir et d'inviter d'autres interlocuteurs. Les conversations sur MSN ne sont pas surveillées par un modérateur. Elles sont gratuites.

Chat

Le chat est une messagerie instantanée d'un autre genre : elle est ouverte à tous. Elle se fait à partir d'une plate-forme d'accueil. Ce peut être par exemple sur le site d'un magazine ou d'une radio. Amandine, 16 ans, qui est fan de Skyrock, choisira leur chat. Pedro, 12 ans, lui, préfère Caramail, car cela correspond plus à son âge.
Pour entrer sur ces chats, Amandine comme Pedro devront indiquer leur âge, leur adresse (celle-ci restera secrète et ne sera pas communiquée aux participants). Bien sûr, personne ne peut vérifier si ces informations sont justes. Un adulte malintentionné peut faire croire qu'il a 14 ans pour entrer en contact avec des enfants. Ces plates-formes de messagerie sont surveillées par des modérateurs qui, théoriquement, repèrent les intrus, veillent à éliminer les messages trop grossiers et à exclure les récidivistes. Les chats sont gratuits.

Blog

Adèle souhaite ouvrir un blog, une sorte de journal de bord ou encore de carnet intime… à destination de tous! Elle se connecte sur le site d'un éditeur de blog, choisi, là

encore, selon ses affinités. Elle doit s'inscrire et, pour cela, donner son âge, son adresse (ces informations restent secrètes et ne sont pas communiquées). Quand elle est enregistrée sur le site, elle dispose d'un espace où elle raconte ce qu'elle veut, crée sa mise en pages, ajoute des photos prises par son appareil numérique, une musique de fond, etc. Elle peut à tout moment faire des corrections, des ajouts. Elle peut aussi l'alimenter et l'augmenter chaque jour... Comme s'il s'agissait d'un cahier.
Ces blogs sont consultables par n'importe quel visiteur qui entre sur le site de l'éditeur. Certains éditeurs font vivre les blogs et mettent en valeur ceux qui leur paraissent les meilleurs, les plus drôles, les plus créatifs, les plus intéressants (selon les critères de l'éditeur, bien sûr). Si le blog d'Adèle a été mis au palmarès, il sera davantage consulté que d'autres.
N'importe qui peut faire des commentaires sur les différentes pages du blog d'Adèle. C'est d'ailleurs l'un des buts principaux des blogueurs : susciter un maximum de réactions. Celles-ci leur garantissent qu'ils sont lus. Aussi, pour attirer le plus de commentaires possible, la tentation est grande de forcer un peu le trait sur le sensationnel, l'originalité, l'humour. Une logique finalement identique à celle pratiquée par de nombreux magazines de presse.

Si l'éditeur regroupe et présente tous les blogs de son site, on peut également tomber sur le blog d'Adèle sans passer par la plate-forme d'accès. Il suffit d'une exploration anodine. Par exemple, Mme Turpinet fait une recherche sur les fées. Elle tape donc ce mot sur le moteur de recherches. Entre quantité d'autres sites sur les fées, il y aura le blog d'Adèle... Car Fée, c'est le surnom de la cousine d'Adèle nommée assez souvent dans son blog.
Certains éditeurs de blogs font payer leurs prestations, mais la plupart sont gratuits, en particulier ceux utilisés par les enfants. En contrepartie de cette gratuité, ils accueillent des fenêtres publicitaires.

Jeux vidéo

Il existe quantité de manières de se procurer des jeux vidéo. On peut les acheter dans un magasin et les mettre ensuite sur son ordinateur. Certains d'entre eux se jouent en réseau avec des milliers d'autres détenteurs du même jeu, à l'autre bout de la terre.
On peut aussi se procurer des jeux sur Internet : certains sont gratuits, d'autres payants, par le biais d'une carte bancaire. Certains sont à usage solitaire, d'autres se

pratiquent en réseau. Les jeux gratuits sur Internet sont plutôt des petits jeux de patience et d'adresse : courses de voitures, gobe-tout, sauts d'obstacles. Certains jeux en réseau sont gratuits le premier mois, puis payants ensuite. Histoire d'attirer le chaland.
Il existe parallèlement des économies mises en place par les joueurs qui s'échangent des informations ou des accessoires, comme des bottes, des épées, ou des casques virtuels, contre de l'argent. Les maisons d'édition tentent d'empêcher ces trafics proscrits par la règle du jeu. Mais, nous le verrons plus loin, les adolescents qui jouent en réseau sont passionnés (quand ils ne sont pas dépendants), très solidaires entre eux et habiles à contourner les règles.

Téléchargement

Sur Internet, on peut se procurer musique, films et séries. Certains sites légaux proposent ces produits contre paiement par carte bancaire. Mais beaucoup de ces produits sont mis gratuitement sur le Net, par des groupes de «pirates» qui enregistrent des concerts illégalement, ou qui mettent en ligne un CD qu'ils ont piraté ou même, éventuellement, acheté. Parfois, cette mise à disposition vient de la source même, de gens malintentionnés qui travaillent dans une maison de disques ou de production.

Par le système de «peer to peer», Fabien peut télécharger un morceau de son groupe préféré et permettre à d'autres internautes de faire de même. Ainsi, il peut faire circuler ce qu'il aime. Il existe des sites de téléchargement gratuit où l'on propose d'ouvrir sa bibliothèque aux autres utilisateurs du site.

Amendes

Conformément aux dispositions prises pour préserver le droit d'auteur, le téléchargement est illégal et passible de poursuites. Sachez que des instances de surveillance peuvent identifier l'adresse informatique de celui qui télécharge.

À titre d'exemple, un pirate vient d'être condamné à 20000 euros et deux mois de prison, pour avoir téléchargé 120 films qu'il assurait réserver à son usage personnel. Sans tomber dans de tels excès, des amendes d'une centaine d'euros sont prévues pour dissuader ceux qui seraient tentés d'enfreindre la loi.

Portable

Le réseau Internet est déjà accessible depuis les téléphones mobiles. Pour l'instant, les modèles chers et un peu sophistiqués permettent une bonne connexion instantanée, mais il est certain que, très rapidement, tous les téléphones offriront ce type d'avantages. Il est donc désormais possible (mais ce le sera de plus en plus) de mener une conversation sur MSN ou sur le chat par l'intermédiaire de son mobile. Sachons-le, quand on achète un téléphone portable à un enfant.
Chaque réseau – Bouygues, Orange ou SFR – propose des services Internet, ce qu'on appelle des « portails », qu'ils ont créés eux-mêmes. Ils y proposent quantité de services, comme les prévisions météo, les horaires de cinéma et autres informations pratiques. Avec, en plus, la possibilité de participer à des blogs, des chats et des forums. Il existe aussi un service spécifique, le Kiosque Galerie, élaboré en commun par ces trois réseaux de téléphonie. Enfin, il est possible d'avoir accès à la totalité d'Internet.
Pour ces services spécifiques offerts par les réseaux de téléphonie, il existe un système de contrôle parental gratuit qui bloque l'accès aux sites dits « de charme ». Il ne reste plus donc, sur les portails et le Kiosque Galerie,

que des petits services dérisoires qui ne satisfont pas les adolescents. Aussi ceux-ci ont-ils tendance à utiliser d'autres portables ou à faire pression sur leurs parents pour qu'ils n'installent pas ce système de blocage sur leur mobile. À tel point que ces systèmes de filtre en deviennent inefficaces, parce que peu utilisés. Le ministère de la Famille a donc demandé aux réseaux téléphoniques d'assouplir un peu cette « censure ».
Quant à l'accès au réseau traditionnel d'Internet, il est évidemment payant : son usage fait grimper en flèche les factures de téléphone. Ce surcoût peut être un bon argument pour supprimer cet accès à Internet depuis le mobile.

Logiciels de filtre

Ce sont des installations proposées par les fournisseurs d'accès, qui permettent de bloquer les sites indésirables. Certains sont gratuits. Ils sont loin d'être parfaits. Les associations se mobilisent pour sensibiliser les fournisseurs et faire évoluer la situation. Consultez l'association E-enfance qui remet constamment à jour le palmarès de ces logiciels (*voir* Contacts utiles).

Essentiel

Pour avoir un regard sur Internet, encore faut-il savoir de quoi il s'agit ! Il n'est pas très compliqué de se mettre au courant, même si on est un peu réfractaire, et il ne faut pas des heures pour comprendre et faire la différence entre chat, blog, MSN, mail.

Notre discours sera nettement plus crédible si les enfants ont l'impression que notre ignorance n'est pas sans limite...

Chapitre 2

Chats et MSN : les nouveaux lieux de conversations

Communiquer, rester en contact... Tels sont les impératifs émis par notre société. Les enfants et les adolescents, qui ont déjà une tendance naturelle à se regrouper en bandes, sont particulièrement concernés par ce phénomène. L'hypercommunication prend, chez eux, des formes inconnues de nous : leurs conversations interminables se font avec des amis proches mais aussi avec des inconnus.

Que font nos enfants entre la sortie des cours et l'heure de se coucher? Tandis qu'ils sont silencieusement installés derrière l'ordinateur..., ils bavardent avec une bande de copains! Seuls quelques sourires fugitifs éclairant de temps à autre leur mine concentrée indiquent qu'en fait de recherches sur Louis XVIII, ils sont bel et bien en train de se payer une bonne tranche de rigolade sur le chat ou sur MSN (*voir* chapitre 1). Un passe-temps qu'ils sont parfaitement capables de mener entre deux coups d'œil sur leurs devoirs, en répondant au téléphone si besoin, tout en écoutant de la musique téléchargée. Pour nous, cela ressemble fort à une activité faible, à celle que l'on fait sans y penser, de l'ordre du grignotage de cacahouètes. Mais attention, cela ne les empêche pas d'y succomber avec boulimie. Le chat et MSN peuvent devenir des drogues. Douces, certes, mais des drogues quand même. La France compte 10 millions et demi d'abonnés aux messageries instantanées privées. Parmi eux, 62 % ont entre 15 et 19 ans.

Quel besoin ont-ils de se parler tout le temps ?

On peut s'étonner de ces conversations infinies, surtout avec des amis qu'ils viennent juste de quitter et qu'ils retrouveront le lendemain dès la première heure. À cette remarque que nous leur avons faite cent fois, ils répondent par un sourire las, tant la question prouve que, décidément, nous ne comprenons rien à rien. « On rigole », veut bien lâcher laconiquement Adrien, 15 ans. « On se dit des choses qu'on ne se dit pas en face », explique Aurélie, 14 ans. « On règle des histoires de copines », précise Léa, 12 ans, bien décidée à n'en dire pas plus. « On drague », avoue courageusement Victor, 16 ans. En réalité, ils font tout cela à la fois. Pour résumer, ils tchatchent.

Damien explique que c'est comme un nouveau jeu. N'oublions pas qu'à partir de la 6e, les enfants ne jouent plus dans les cours de récréation et que, mis à part quelques garçons accros du foot, ils sont plus souvent en petits groupes, plantés ou assis sur des marches... à parler. Le chat et MSN ne font que renforcer cette habitude.

Qu'est-ce qu'ils se racontent?

À y regarder de plus près, on relève dans leurs conversations virtuelles quantité de confidences, agrémentées parfois de propos assez crus. Les sujets sur la sexualité sont souvent au centre des propos : Qui sort avec qui? Qui s'est fait larguer? Qui est en passe de l'être? Qui est amoureux de qui? Les adolescents,

surtout les filles, aiment bien dispenser leurs conseils sur les affaires de cœur. C'est pour elles une manière de prendre de l'importance dans leur groupe.
Les garçons font des commentaires plus ou moins grivois sur les filles qu'ils espèrent séduire, ou encore se vantent de leurs conquêtes !
Ensemble ils y discutent aussi des thèmes tabous, de tout ce dont ils ne parlent pas avec les adultes, et également de ce qu'ils n'abordent pas avec tous leurs amis, notamment leurs émotions, leurs joies, leur tristesse, leur euphorie ou leur lassitude. Autant de sentiments qui, à leur âge, alternent souvent sans qu'ils y comprennent grand-chose.
Les enfants et adolescents sont très fortement soumis à la norme du groupe. Leurs goûts y sont assez restrictifs. Aussi MSN leur permet d'échapper à ces diktats et de s'exprimer plus librement avec leurs copains les plus intimes. Mais qui se pencherait sur ces conversations serait surtout frappé par une masse de banalités affligeantes et quantité de propos finalement plus dérisoires que croquignolets.
Soyons honnêtes : nous ne serions pas autrement étonnés, si l'on notait la plupart des conversations non professionnelles que les adultes passent à longueur de journée sur leurs portables. Tout semble s'y jouer

comme si l'important n'était pas tant le contenu, que le fait de maintenir un lien. Le phénomène est assez général et concerne toutes les classes d'âge. L'expression «être branché» trahit bien cet impératif de connections permanentes. Il n'y a pas de raison pour que les adolescents y échappent. Plus que d'autres, en effet, ils ressentent le besoin d'être perpétuellement reliés à leur groupe, en vertu de règles tribales assez simples et selon la logique banale de la «bande». Aussi, pour eux, avoir un maximum de contacts est un signe de prestige. Par exemple, Séverine, 15 ans, se vante d'avoir eu une conversation avec trente-deux personnes à la fois !

Chatter fait partie des activités qui donnent à l'adolescent le sentiment qu'il est dans le coup, qu'il n'est pas en marge. Cette pratique le rassure en lui donnant l'impression d'être inscrit dans un groupe, malgré sa timidité ou ses difficultés relationnelles. Cela lui permet de se construire une identité en dehors de la famille, ce qui reste un des grands enjeux de l'adolescence. Au bout du compte, l'image qu'il se fait de lui-même s'en trouvera renforcée.

Un vaste réseau relationnel

MSN élargit considérablement le réseau social des adolescents. S'ils passent beaucoup de temps à dialoguer avec leurs copains de classe, ils maintiennent aussi quantité de relations plus lâches : avec les membres de la famille qui sont éloignés, avec les amis du second cercle, avec ceux qu'on voit moins, tels les amis rencontrés lors de voyages. Matthieu, dont le cousin adoré habite à Madrid, garde avec lui un contact presque quotidien, et quand ils se retrouvent chez leurs grands-parents, c'est comme s'ils s'étaient quittés la veille !
Grâce à ce mode de communication, ils restent en contact avec tous ceux qui n'appartiennent pas à la garde rapprochée du groupe de référence. Sans Internet, beaucoup de ces relations tomberaient vraisemblablement à la trappe. Ce qui serait dommage, d'autant qu'avec les vacances étalées, les occasions de se retrouver ne sont pas si fréquentes. Les enfants ont peu l'habitude d'écrire, cela leur paraît scolaire et laborieux ; de plus en plus, ils vivent leurs relations dans l'immédiat, ou alors ils estiment qu'elles n'ont pas lieu d'être. Ces petits messages sont comme des fils ténus, fragiles peut-être, mais ne les négligeons pas : ils ont le mérite d'exister.

Cependant, si MSN encourage la sociabilité, il ne faut pas en attendre des miracles. Un enfant très solitaire ne va pas, comme par magie, se décoincer grâce à ces communications virtuelles. Sophie (16 ans) souffre beaucoup de sa grande timidité : au lycée, elle reste souvent à l'écart des groupes, redoute les sorties, et le week-end passe le plus clair de son temps chez elle. Pourtant, elle participe à des discussions croisées sur MSN. Mais, dès qu'elle se retrouve dans la cour de récréation, elle est toujours aussi démunie et reste invariablement collée à ses deux copines qui parlent pour elle.

De hauts lieux de drague

Sur Internet, les communications garçons-filles se font plus facilement que dans les cours de récréation. Car on y avance caché, ou au moins sans visibilité. Il en allait de même lorsque, autrefois, les habitants de Venise sortaient masqués les jours de carnaval. MSN et chat sont tout naturellement des hauts lieux de drague. En fait, ils permettent surtout aux adolescents de maintenir le rêve amoureux ; les filles surtout y entretiennent leur fantasme du prince charmant. Car ces contacts débouchent peu sur des relations directes. Mais ils n'en

ont pas moins leur utilité. Les adolescents y font l'apprentissage du jeu de la séduction, y expérimentent la grammaire amoureuse, sans que cela prête forcément à conséquence. Sans témoin, les échecs y sont moins humiliants que dans la réalité. Ces rencontres virtuelles ont, pour eux, un grand avantage : elles leur permettent de vivre des relations amoureuses tout en se protégeant, en évacuant le risque de la rencontre, qui justement les inquiète. En construisant une relation avec autrui, sans la crainte que cet autre ne devienne envahissant, ils affûtent leur sensibilité. Et, sans doute, gagnent du temps. Ces façons ressemblent finalement beaucoup à tous les jeux d'enfants où, inlassablement, on fait comme si on était grand, alors qu'on est encore petit. Bien sûr, un jour, ce substitut ne leur suffira plus.
Ne cédons pas aux sirènes qui prédisent que ces relations virtuelles sont en passe de tuer l'amour et de remplacer les vrais rapports entre les gens. C'est un fantasme d'adultes déboussolés par les nouveaux moyens de communication, qui se plaisent à penser que le face à face pourrait disparaître. En fait, loin de s'opposer, ces deux formes de sociabilité tendent à se renforcer mutuellement. Une intense vie sociale va souvent de pair avec un fort usage de la communication électronique.

Les risques

Leur engouement pour tous ces chats et autres forums comporte un certain nombre de risques qu'il ne faut pas minimiser.

⇒ Ils n'arrivent pas à couper

Cette pratique peut devenir addictive. La preuve ? Ils ont toutes les peines du monde à s'en extraire. « Oui, j'arrive, je dis juste au revoir », vous assurent-ils. Et un quart d'heure plus tard... ils sont toujours face à l'écran. Ces conversations sur le Web sont d'autant plus envahissantes, pour eux, qu'à l'adolescence, la tentation est forte de constituer un pôle en dehors de la famille.

⇒ Moins de relations avec les parents

MSN et chat sont des outils générationnels. Ils multiplient les communications entre les adolescents. Par un phénomène de caisse de résonance, ils amplifient le discours « jeune ». Celui-ci devient dominant, et d'autant plus autoritaire qu'il est extrêmement conformiste et normatif. Autant dire que tous les autres discours, ceux des générations précédentes, de leur famille, et même celui de leur for intérieur, deviennent dérisoires, voire inaudibles. Quant à la transmission parentale, elle a de plus en plus de mal à passer (*voir* aussi chapitre 8).

⇒ Un pied dehors, assis dedans : l'illusion d'autonomie

Les jeunes cherchent de plus en plus tôt des références en dehors de la famille, mais ce n'est pas pour autant qu'ils acquièrent une véritable autonomie, car ces « sorties » virtuelles se font depuis leur cocon familial. Ils ont l'impression d'être ailleurs, tout en étant là, bien protégés par papa et maman. En cela, ils contournent le véritable enjeu d'une rencontre amoureuse, qui est de sortir, de se dégager enfin du lien infantile aux parents. Vivre l'amour, c'est grandir. Or ce n'est pas le cas dans ces relations amoureuses virtuelles, puisqu'ils restent confortablement en retrait chez eux, sans jamais s'avancer. Plus que d'un amour qui fait grandir, il s'agit plutôt d'un marivaudage. Où l'on reste perpétuellement dans le « comme si… ». Il n'est pas certain, en effet, que celui-ci les aide à conquérir une autonomie psychique, ni à surmonter l'angoisse de séparation d'avec les parents.

⇒ Comme au bal masqué

Si la MSN se pratique avec un cercle plus ou moins restreint de connaissances, il en va tout autrement sur le chat (*voir* chapitre 1). Cet immense forum avec des anonymes pose des problèmes d'un autre ordre. On peut y apparaître longtemps masqué, ne pas se montrer comme on est, mais comme on rêverait d'être. C'est l'occasion de s'inventer une autre identité, une autre personnalité, une autre vie, et d'échapper aux limites de la réalité. Laquelle n'est pas toujours facile à endosser, surtout à l'âge des appareils dentaires, des boutons, des rondeurs enfantines. Le chat permet aux adolescents de se libérer de la tyrannie des apparences, d'effacer la dimension corporelle à une période où ils ne sont pas très à l'aise dans leur corps. Survenant à des âges différents, la puberté entraîne entre eux de gros décalages physiques qui peuvent en complexer plus d'un. Masquée, la communication est plus facile que le face-à-face.

Aussi les jeunes internautes sont-ils devenus experts pour brouiller les pistes. Pour jongler avec différentes identités. Beaucoup se sont créé plusieurs adresses personnelles (une pour les anonymes, une pour les copains, et une troisième sur un serveur de Webmail ou Hotmail, pour des échanges plus personnels encore).

→ Les mauvaises rencontres

Des pédophiles rôdent fréquemment sur leurs messageries. Les enfants, qui aiment bien frôler le danger quand ils sont à l'abri, minimisent les risques. Ils se sentent invulnérables, parce que la maison est comme une enveloppe sécurisante qui les protégerait de tout. Ils ne le sont pas tant que cela. Comme tout le monde, ils peuvent se laisser attirer par un interlocuteur malintentionné qui saura gagner leur confiance. Le service de gendarmerie qui se spécialise dans cette criminalité nous a signalé que beaucoup de pédophiles arrivent à mettre les enfants en confiance. À la longue, à force de patience, ils réussissent à obtenir suffisamment de détails sur eux (établissement scolaire, prénom, horaires) pour parvenir à les identifier, surtout dans les petites villes. Jusqu'à tenter de rencontrer les enfants ou obtenir d'eux des actes d'exhibitionnisme, par le biais de photos. Si nous avons l'habitude d'appréhender les inconnus en décryptant plus ou moins bien leur visage, il est en revanche plus difficile de le faire par l'écrit. Aussi, sur les messageries virtuelles, les enfants se laissent-ils plus facilement abuser.

Les associations qui œuvrent pour protéger les enfants des dérives d'Internet tirent la sonnette d'alarme. E-enfance, qui a enquêté à la sortie de collèges, a montré que les risques étaient réels et que plusieurs adolescentes s'étaient retrouvées dans des situations périlleuses, face à des adultes pervers qui s'étaient fait passer pour des ados tranquilles !

Conseils

• **Un mode qui leur appartient :** MSN et chat font désormais, pour eux, partie d'un temps de communication indispensable. Les en priver leur paraîtrait la plus injuste des brimades. Ils auraient l'impression d'être en marge d'un système dominant. Ce serait comme leur interdire de porter des jeans ou des baskets. Ne l'oublions pas : à l'adolescence, l'estime de soi passe essentiellement par la reconnaissance des autres.

• **Poser des limites :** pour autant, il n'est pas interdit de limiter ce temps-là. On peut quand même leur dire que ce ne doit pas être une activité exclusive, qui prendrait le pas sur tout le reste : sur l'activité scolaire et sportive, sur la vie familiale. Ce n'est pas normal d'expédier un dîner sous prétexte qu'il va tronquer de quelques minutes une conversation sur MSN.

• **À chaque famille ses règles :** c'est aux parents d'inventer des règles qui ne seront pas forcément celles du copain, et de les assumer gaiement. Il faut les poser tôt, clairement, et surtout avec la plus grande conviction : « Jamais après le dîner » ; « Oui, mais quand tout le travail est terminé » ; « Non, pendant quelque temps si les notes sont en chute libre » ou : « Pas le dimanche quand la famille est réunie ». Ou encore : « Oui, pendant les vacances chez les grands-parents, s'ils sont d'accord, mais pas pendant la semaine où l'on se retrouve tous ensemble... » À celui qui semble vraiment accro, on peut proposer un sevrage de quelques jours pour discuter avec lui de ce besoin si fort. Il ne s'agit pas d'imposer brutalement et sans détour, ni de menacer sans fin d'annuler l'abonnement, mais plutôt de discuter ensemble d'une règle du jeu possible, et ensuite de veiller à ce qu'elle soit respectée !

• **La solitude, c'est important :** sans doute faut-il aussi apprendre aux enfants à rester parfois seuls, et ce dès leur plus jeune âge. Cela leur donne une force précieuse et leur permet de trouver en eux des ressources qu'ils ignorent. Ils se prouvent ainsi qu'ils sont autonomes et libres, qu'ils peuvent être heureux et en sécurité même en l'absence des autres, qu'ils ne sont pas abandonnés ou moins aimés pour autant. Or, ne nous leurrons pas, ces conversations qui se prolongent souvent, pour les plus grands, jusqu'au milieu de la nuit, sont aussi des manières de retarder une solitude qui leur fait peur, car ils en ont fait trop rarement l'expérience.

• **Anonymat de rigueur :** rappelez-leur de ne jamais donner leur nom, leur adresse ou leur numéro de téléphone. De ne jamais accepter un rendez-vous avec quelqu'un qu'ils ne connaissent pas, en tout cas jamais dans un lieu privé, et jamais seul. Beaucoup d'enfants pensent qu'en éteignant l'ordinateur, c'est comme s'ils fermaient leur porte aux intrus malintentionnés. Assurez-leur qu'il n'en est rien.

L'essentiel

Les messageries électroniques permettent aux adolescents de maintenir et de renforcer les liens avec leur groupe de référence. Aussi le contact y est-il plus important que le propos. Rien que de très normal à l'adolescence. S'il serait absurde de les interdire, on peut toutefois en limiter la pratique dans le temps.

Lâche un peu ton ordinateur !

Attention, cette hypercommunication renforce l'impact du discours ado. Cela se fait au détriment de la transmission familiale.

Chat et MSN sont des lieux de drague, laquelle débouche rarement sur de vraies relations. Cela leur permet de tester le discours amoureux. Mais attention, ce jeu de la séduction, tout en restant à l'abri chez soi, n'a rien à voir avec l'amour qui fait grandir. On est plus dans le registre de «faire comme si on était grand».

Participent à ces chats des personnes malintentionnées, véritables prédateurs qui ont vite compris les règles du jeu pour approcher leurs proies. C'est aux parents de mettre en garde leurs enfants.

Chapitre 3
Les blogs : des journaux pas si intimes

Il existe différentes sortes de blogs. Certains s'apparentent à des forums entre amis, un peu comme un journal de classe qui serait réservé aux copains, d'autres sont personnalisés et ressemblent à des journaux intimes. Rien que de très naturel et légitime dans cette pratique. Mais attention, ils peuvent donner lieu à des dérives dont les enfants n'ont pas toujours conscience.

Médium parallèle et spontané, le blog se généralise, et pas seulement chez les jeunes. Une nouvelle forme de socialisation transversale s'y dessine, par affinités et non plus selon les critères traditionnels de voisinage ou de classe sociale. Même les personnalités qui s'expriment à longueur de journée dans la presse, hommes politiques, célébrités culturelles ou journalistes, adoptent la pratique du blog. Histoire de « communiquer » toujours plus ! Les adolescents, qui, bien sûr, n'échappent pas au phénomène, sont soumis à ce double impératif : se montrer et s'insérer dans une tribu. Un jeune sur deux tiendrait un blog. Pour aborder la question, il faut distinguer différents types de blogs : certains fonctionnent comme un journal intime, d'autres s'apparentent plutôt à un forum de groupe.

Le blog forum, un lieu de partage

Ce type de blog ne relève pas du narcissisme comme nous allons le voir pour le blog journal intime, mais plutôt de la convivialité. On pourrait le comparer au panneau d'affichage placé dans l'entrée d'un lieu collectif. Pratique, anodin, il sert à faire circuler les photos d'une soirée, à rappeler l'anniversaire de Léa, ou encore à poursuivre un « délire » (une conversation gag). Il entretient et renforce les liens au sein d'un groupe d'amis. Bref, il s'agit d'un moyen de rester en contact, malgré les aléas de la vie quotidienne. Car les adolescents passent finalement moins de temps ensemble qu'auparavant : avec la différenciation des classes selon les options, ils n'ont pas toujours cours ensemble, ni les récréations au même moment. Si on ajoute le temps pris par leurs activités extrascolaires, il ne reste souvent plus grand-chose.

Un blog journal intime, pour quoi faire?

L'adolescent y exprime ses émotions, ses préoccupations, ses goûts. Il y raconte ses conflits, son mal-être, y consigne l'incompréhension dont il se sent victime. Et il agrémente le tout de slogans, de pensées mises en exergue, de bouts de poèmes, de dessins, de photos de gens qu'il aime. Bref, il y a là tout ce qu'on pouvait trouver dans les journaux intimes traditionnels. Avec en prime beaucoup plus d'images.

Le blog est essentiellement un passe-temps féminin. Dans cette affaire, les garçons, moins nombreux à en tenir, sont plutôt spectateurs qu'acteurs : ils lisent et consultent volontiers les blogs des copines. On retrouve ici encore le clivage traditionnel : les filles pratiquent plus la parole, l'analyse, le relationnel, tandis que les garçons se portent plus vers l'action (les sports et les

jeux). Si les adolescentes ont toujours été davantage adeptes du journal intime, surtout entre 12 et 16 ans, c'est qu'elles ont besoin d'élaborer leur image féminine, de construire leur identité, de conquérir assurance et estime de soi. À cet âge, en effet, elles quittent leurs repères de l'enfance et doivent apprivoiser d'autres sentiments. Les relations avec les copines prennent alors une grande importance, et les liens avec les parents sont à réaménager : elles cherchent à s'en éloigner et en même temps ont terriblement peur de les perdre.
Dans le blog ou le journal intime, elles peuvent mettre en mots et éclaircir ces émotions si complexes, contradictoires et fluctuantes qui caractérisent l'humeur des adolescents : l'euphorie, la tendresse, l'agressivité, la peur, le narcissisme exacerbé. Expression un peu hystérique qui dévoile l'intimité et la met en scène... Dans le tourbillon de leurs sentiments, le blog leur permet sans doute de s'arrimer au réel comme à une rive stable.

Un journal intime pas si intime

Il existe une différence de taille entre le blog et le journal intime : si ce dernier ne quittait jamais la chambre et même parfois se fermait d'un petit cadenas, le blog, lui, est mis à disposition des regards. Il n'a plus grand-chose d'intime, en effet, puisque n'importe qui peut tomber dessus par inadvertance en tapant un simple mot-clé. Les adolescentes ont des réactions très ambiguës par rapport à cette réalité. Plutôt dans le déni, elles ont tendance à dire qu'elles l'ignorent, tout en le sachant très bien. C'est typique du paradoxe de l'adolescent : vouloir être compris, deviné même, tout en pensant que personne ne peut le comprendre.

Mis à disposition de tous, un journal intime prend une autre tournure : il devient une sorte de vitrine où les auteurs se donnent en spectacle. Voilà qui coïncide parfaitement avec l'hystérie des adolescents et avec leur désir de séduction. Très enclins au narcissisme, ils prennent plaisir à être regardés. Parfois excessivement. Les changements pubertaires, fragilisant l'image de leur corps, entraînent parfois des comportements pathologiques. Mais, la plupart du temps, ils ne reconnaissent pas cette mise en scène exhibitionniste. Ils ont l'impression d'avoir une grande distance par rapport à cela. « C'est pour se marrer », disent-ils volontiers.

Ce dévoilement excessif leur semble d'autant plus normal que sa pratique s'est aujourd'hui généralisée.

Les magazines regorgent de célébrités, d'enfants d'artistes qui se confessent, qui exhibent leur intimité et celle de leur famille. Ce phénomène actuel n'épargne pas les adolescents : ils le subissent et l'adaptent à leur niveau. Pas étonnant alors qu'ils pensent pouvoir tout dire, tout montrer...

De rares dérives graves...

Il y a eu, par le biais des blogs, quelques cas dramatiques de suicide ou de mutilation. Rappelons toutefois que ce n'est pas à cause d'un blog que des adolescentes se sont tuées. Le blog peut jouer un rôle d'amplificateur, de caisse de résonance, mais en aucun cas de déclencheur. Toutefois, ce rôle n'est pas négligeable puisque les adolescents procèdent beaucoup par capillarité. Les filles ont tendance à être dans l'imitation mutuelle, car, depuis l'enfance et de façon continue, elles grandissent en se conformant au modèle féminin, maternel d'abord, amical par la suite. Il suffit que l'une d'elles ait un comportement morbide pour que les autres l'imitent. Le blog accentue cette contagion des états d'âme. Les garçons qui, dans l'enfance, doivent tôt se détourner du modèle maternel, vont puiser plus souvent leur force dans leur imaginaire en s'identifiant à des personnages fictifs. Ils sont moins tentés de regarder l'autre pour «faire pareil», aussi le phénomène de contagion semble les épargner davantage.

... et quantité de débordements

Les médias se sont emparés de ces cas graves. À tel point que, pour certains parents, c'est devenu le danger type. Gardons toutefois la tête froide : ces accidents sont rares. En revanche, il convient de se tenir alertés de quantité d'autres risques, plus bénins, certes, mais beaucoup plus fréquents. Il existe une flopée de débordements. Ne les négligeons pas.

⇾ Exhibition

L'exposition de soi n'est pas sans risques. Le plus évident est celui d'attirer des prédateurs sexuels, mais ce n'est pas le seul. Ce besoin d'être regardé, si on l'encourage, peut devenir exhibition, sans que les adolescents s'en rendent compte. Or l'exhibition n'est pas anodine : c'est une mise à la disposition de l'autre, un abandon sans nuance qui dégrade l'image de soi.

Dans son blog, Élodie, 15 ans, se montre en petite culotte avec des phrases suggestives, alors que, dans la réalité, elle est timide et réservée. Elle a peur d'être traitée comme un bébé, parce qu'elle est couvée par ses parents, aussi pense-t-elle combattre son manque d'assurance en donnant aux autres une image à l'opposé de sa vraie personnalité. En fait, elle ne sait pas gérer ses rapports au groupe. Elle est mal à l'aise avec sa séduction et ne sait plus très bien où elle en est.
Bien sûr, les parents qui ne regardent pas les blogs de leurs enfants sont souvent les derniers à être au courant, et, quand ils le sont, la ligne a déjà été franchie. Mais ils ne doivent pas alors minimiser les choses, car ces excès sont le signe d'une vraie difficulté personnelle. Beaucoup d'adolescents utilisent le blog pour se donner l'illusion qu'ils sont à l'aise. Mais, en réalité, cette exhibition les met dans des situations périlleuses, et ne règle rien. Élodie ne communique pas plus facilement lorsqu'elle est face à une personne en chair et en os.

⇾ Diffamation, indiscrétion

Dans leurs blogs, les adolescents manquent souvent de discernement et parlent des autres à tort et à travers. Ils font des révélations dont ils ne mesurent pas la portée : ils traitent leur prof de manière injurieuse, livrent des détails intimes sur leurs copains ou sur leur famille. Fabien a ainsi été traité de «pédé» sur le blog d'un garçon du collège. L'injure mise en ligne a fait le tour de l'établissement comme une traînée de poudre. Fabien en a été cruellement blessé, et il s'est renfermé sur lui-même. Humilié, mort de honte, malgré le soutien de ses proches, il a refusé de retourner en classe pendant plusieurs semaines ! Évoquer l'homosexualité de l'un, ou la filiation adoptive de l'autre, relève de la violation du secret de la vie privée ou de la diffamation. Les enfants doivent en être avertis, et savoir que ce sont des délits punis par la loi. Le système judiciaire signale d'ailleurs une forte augmentation des dépôts de plaintes.

⇾ Violence

Pierre assaisonne son blog d'images très violentes. Cela ne signifie pas qu'il est un être violent, ni qu'il est capable de passage à l'acte. C'est souvent une manière d'apprivoiser ses peurs et d'extérioriser son agressivité. Les pulsions agressives sont présentes à l'adolescence. On peut même avancer qu'il n'y a pas d'adolescence sans une montée de ces pulsions : celles-ci sont liées à l'arrivée de la puberté. Les adolescents sont souvent débordés par ce flot de violence qui les habite, ils le redoutent. Aussi un moyen d'en être soulagé est de le projeter à l'extérieur par le biais d'images, de films, de jeux, de lectures, etc. C'est aussi une façon de tricher, de se cacher et de camoufler la tendresse et la sensibilité qu'ils perçoivent comme des faiblesses (*voir* chapitre 4).

Bien à l'abri chez soi

Comme toute autre forme de communication sur le Web, le blog permet de s'absenter de la vie familiale… tout en restant chez soi ! Paradoxalement, nos enfants baignent dans une hypercommunication générationnelle, tout en étant bien installés dans le cocon parental. Autant dire que, malgré les apparences, ils gardent un pied dans l'enfance. Loin de s'aventurer, ils jouent comme des enfants : tout y est « pour de faux ». D'ailleurs, ils emploient eux-mêmes l'expression « ludique » pour qualifier leurs activités sur Internet. « On fait ça pour rire » : ils ont bien compris que cette petite phrase rassure les parents, les persuade que rien de tout cela n'est bien sérieux et ne porte à conséquence.

Ne nous laissons pas abuser par cette excuse qu'ils avancent à tout bout de champ. Ces fausses incursions au dehors ne les font pas tellement mûrir sur le plan affectif.

L'adolescent doit s'éloigner de sa famille et partir à l'aventure. Ce travail de séparation est peut-être plus difficile à entreprendre aujourd'hui, car les liens parents enfants se construisent plus souvent sur un mode fusionnel : nous nous sommes beaucoup occupés de nos enfants. Tout au moins nous les avons intensément observés, et les voilà donc aujourd'hui, à l'adolescence, encombrés de liens parentaux pas forcément excellents, mais très serrés, en tout cas difficiles à dénouer.

Conseils

• **Pas d'intrusion forcée** : n'exigeons pas de regarder leur blog de manière autoritaire, ce regard serait vécu comme violent et intrusif, comme l'était du reste la lecture du journal intime, en d'autres temps.

• **N'ignorons pas leurs modes de communication** : ne les diabolisons pas non plus. C'est leur langage tribal, leur ciment générationnel.

• **Blog, lieu de contagion** : faites-leur prendre conscience de la capillarité intense de leurs états d'âme. Ils se répandent comme une traînée de poudre sur leurs blogs. Sans, bien sûr, le leur reprocher, ce qui aurait un effet inverse. L'idéal est plutôt de les encourager à être eux-mêmes, de leur apprendre à avoir un peu de recul par rapport aux problèmes des autres. Les filles, tout particulièrement, s'en encombrent volontiers. Assurez-leur que leurs copines en détresse ont d'autres recours, et que, dans les cas sérieux, il vaut mieux consulter les adultes.

• **Aidons-les à prendre de l'assurance :** en s'exhibant, ils pensent souvent régler leurs rapports difficiles avec autrui. Ne sous-estimons pas la souffrance causée par la peur du jugement des autres. Interrogeons-nous sur la raison de ce manque de confiance. Quels messages avons-nous fait passer à nos enfants ? Quelle image d'eux-mêmes leur a-t-on renvoyée ? Les aurait-on surestimés, ou au contraire sous-estimés ? Les aurait-on maladroitement trop comparés avec d'autres, frères ou amis ?
Aidons-les à être le plus authentiques possible, à avoir plus d'aisance. Apprenons-leur les règles de base de la communication courante : ne pas se contenter de répondre par oui et par non, soutenir une conversation, poser des questions... Montrons-leur qu'ils surestiment souvent les autres, qui, eux aussi, connaissent le doute !

• **Anonymat illusoire :** martelez-leur que le blog n'est pas un journal intime. Que l'anonymat y est illusoire. Un proche aura vite fait de déjouer les pseudonymes, les noms écrans, et de se reconnaître.

• **Respect des autres :** rappelez-leur les notions de respect d'autrui et de soi-même, de vie privée et d'intimité. On ne peut pas dire n'importe quoi sur n'importe qui. Révéler des vérités sur autrui, c'est une atteinte à la vie privée, une indiscrétion. Dire des choses fausses relève de la diffamation. Les deux sont des délits punis par la loi.

• **Tout penser, mais pas tout dire :** tout le monde a le droit de penser des choses négatives sur ses parents, sur ses frères, sur un prof... Mais pas de tout dire, encore moins de tout écrire. L'écrit donne un caractère grave et définitif à nos jugements. Il peut figer une idée négative pensée sous le coup de la colère. On peut estimer que sa mère est une imbécile, tout en lui trouvant quantité d'autres qualités. En l'écrivant, on renforce la dépréciation tout en gommant la complexité du jugement.

• **Vive la pudeur :** expliquez-leur que l'intimité et la pudeur n'ont rien de ringard. Elles sont utiles pour se protéger du regard des autres, lequel n'est pas toujours bienveillant. Trop s'exposer, c'est s'offrir au jugement péremptoire et hâtif de n'importe qui. Préserver son intimité, c'est garder le contrôle de son image. Quand celle-ci vous échappe, qu'elle est salie par la vulgarité ou l'agressivité de l'autre, on se retrouve submergé par la honte et l'humiliation, qui sont les pires blessures !

• **Aidons-les à s'aventurer au-dehors :** encourageons-les à affronter le monde pour de vrai, avec ses conflits et ses dangers, sans crainte. À l'adolescence, il est sain de tenter des explorations hors de chez soi. Aucune maturation ne se fait sans cette prise de risque. En tant que parents, on peut les inciter à participer à un voyage de classe, à donner un peu de leur temps à un projet associatif, à s'inscrire dans un club sportif, ou encore à trouver un job d'été pour les plus grands. On peut enfin avoir du mal à supporter de les entendre râler quand ils ont la chance qu'on leur propose un séjour à l'étranger, et tenir bon sur ce genre de projet !

• **N'abandonnons pas la transmission :** respectons leur espace de communication, sans supporter qu'il devienne exclusif. Ne laissons pas le discours adolescent de masse devenir dominant. Rappelons-leur qu'il existe beaucoup d'autres valeurs, individuelles, culturelles, familiales (*voir* chapitre 8).

L'essentiel

- Le blog ressemble à un journal intime, à la différence qu'il est ouvert à tous les regards. Les enfants font souvent mine de l'ignorer. Attention, cette mise en vitrine renforce les pathologies narcissiques propres à l'adolescence.

- On a beaucoup parlé des cas dramatiques de suicide, par le biais du blog. Ces graves faits divers occultent souvent qu'il existe quantité d'autres dérives plus minimes mais plus fréquentes : exhibition, diffamation, indiscrétion...

- Les blogs forums participent à une nouvelle forme de socialisation, malgré l'éloignement ou le peu de temps passé entre copains.

- Attention, avec la communication virtuelle, les adolescents ont l'impression de naviguer hors de chez eux, alors qu'ils restent confortablement protégés dans le cocon familial. Ce confort ne les aide pas à grandir et à acquérir une maturité.

Chapitre 4
Les jeux vidéo : la passion des garçons

Ces jeux de stratégies raffinées, souvent situés dans des décors historiques, sont extrêmement séduisants. Mais aussi terriblement addictifs. D'autant que les adolescents connaissent peu l'art du dosage. C'est sans doute là l'un des aspects les plus problématiques de la nébuleuse Internet.

Les jeux vidéo arrivent en tête du palmarès... si l'on considère leur pouvoir d'attraction sur les enfants. Les garçons en sont fous. Les filles s'y mettent aussi, mais avec moins d'ardeur. Les adolescents pratiquent surtout des jeux en réseau. Et certains petits, qui ont des grands frères, y sont initiés tôt.

Si vos enfants ne répondent plus, s'ils sont rivés à leur écran, le visage illuminé, totalement insensibles à toute présence, c'est probablement qu'ils ferraillent contre un elfe, ou qu'ils sont absorbés par quelque affaire de clé introuvable. Rien à voir avec les conversations sur le chat ou la MSN, interminables, certes, mais qu'ils pratiquent souvent d'un œil distrait, en jetant l'autre sur leurs devoirs (*voir* chapitre 8). Avec les jeux vidéo, au contraire, les enfants s'absentent littéralement. Si nous comprenons assez bien leur manie des discussions virtuelles, en revanche, ces « disparitions » dans d'autres mondes nous semblent des pratiques de mutants. De plus, ils n'en sortent pas vraiment détendus, mais plutôt remontés comme des piles. Nous aimerions mieux les voir cavaler derrière un ballon. Mais ça, il n'en est plus trop question. Bien malins ceux qui sauraient les extirper de leur chaise. Bref, ces jeux vidéo nous exaspèrent sérieusement. Il serait utile, pourtant, de s'y intéresser, pour agir en connaissance de cause, et peut-être prévenir les grandes dérives.

Les jeux vidéo ont des qualités

⇨ Jouer, c'est normal

N'oublions pas que ce sont tout de même des jeux. Pas les nôtres, mais les leurs, et que, pour des enfants et

même des adolescents (car ce goût se prolonge bien au-delà de l'enfance), il est normal de jouer.
D'ailleurs, si l'on se penche sur les contenus, on y reconnaît assez facilement nos passe-temps de jeunesse. Les Sims, gigantesque univers interactif où l'on aménage des lieux pour y faire vivre des personnages, ressemblent fort aux maisons de poupées, en plus sophistiqué. Même chose pour les jeux de combats qui sont des versions plus complexes des gendarmes et des voleurs ou d'autres courses poursuites avec bâtons et boucliers. Construire des villes, bâtir des empires, mobilise la créativité et l'imaginaire, comme le faisaient dans le temps les jeux de maquette ou de construction qu'affectionnent particulièrement certains garçons. Les jeux de patience, que les plus âgés apprécient parfois, déclinent le principe traditionnel du Solitaire.

➾ S'initier aux technologies

C'est bien souvent par ces jeux que les enfants s'initient à la nébuleuse informatique, et qu'ils se familiarisent avec les nouvelles technologies.

➾ Se faire des copains

Les jeux vidéo leur permettent aussi de développer des liens sociaux, de se faire des copains. Parce qu'ils peuvent jouer à plusieurs, mais aussi parce que c'est LE sujet de conversation des garçons dans les cours de récréation. Ils s'échangent des tuyaux, se demandent des conseils pour résoudre des problèmes. Autant de prétextes pour tisser des liens, un peu à la manière des bricoleurs ou des pêcheurs à la ligne, qui s'abonnent à des revues et traînent dans les magasins spécialisés avec l'espoir de rencontrer d'autres passionnés. Les jeux vidéo impliquent ce type de socialisation, très particulier, qui s'exerce autour d'une activité solitaire.

⇒ Remuer ses méninges

Énigmes à résoudre, stratégies à établir... Face aux jeux vidéo, les enfants remuent leurs méninges. Ils sont plus actifs que devant la télévision. Pour avancer, ils doivent faire preuve de créativité, de compréhension, d'inventivité, de réactivité, de sang-froid... Ce n'est pas si mal.

⇒ Se défouler

Jouer à la guerre n'est pas vain. Comme nous l'avons vu plus haut, c'est une manière d'évacuer les tensions et d'extérioriser les pulsions agressives, qui peuvent être fortes dès l'enfance et ne cessent d'augmenter avec l'adolescence. Ce n'est pas un hasard si ce passe-temps a été pratiqué par des générations d'enfants.

Mais les dangers existent...

⇒ Comme une drogue

Les jeux de patience proposés sur Internet sont très addictifs. Les logiciels en offrent des gammes incroyablement étendues. Ces parties sont généralement courtes, mais, sitôt terminées, les enfants enchaînent sur un autre jeu. Pris d'une boulimie un peu mécanique, ils ne trouvent aucune raison de s'arrêter.

Les jeux de stratégie, qui, pour la plupart, se jouent en réseau, c'est-à-dire avec une multitude de gens qui se connectent, au même moment ou non, exercent un pouvoir de fascination très différent, beaucoup plus fort. Immergés dans un monde virtuel, tout occupés à déjouer des attaques ennemies, à résoudre des énigmes, les enfants ne voient pas le temps passer. Ils se laissent fasciner au point, parfois, de ne plus faire que cela et de laisser tomber toute autre forme de jeu, peut-être même de vie.

Les jeux de rôle dans lesquels le joueur devient littéralement «un autre» embarquent les participants très loin. Ils vont pouvoir y écrire leurs propres histoires. Dotés d'une représentation virtuelle, ils se dédoublent et mènent une vie parallèle. Ce «voyage», qui peut durer des mois, voire des années, finit par totalement les obséder. Ils n'arrivent plus à en sortir. D'autant qu'ils subissent une pression des autres participants, lesquels ont chacun un rôle, et se regroupent en guildes. Pour organiser une action commune, pour mettre au point une stratégie, ils se fixent des rendez-vous en ligne à heures précises. Aussi rater une de ces réunions pourrait pénaliser la guilde ! L'assiduité a ici son importance. De quoi expliquer les cas graves de dépendance, de rupture pathologique avec le réel, d'engloutissement dans des univers parallèles. Se connecter sur un réseau pour jouer à neutraliser des terroristes, telle est la principale occupation de Thomas, 17 ans, son seul lieu de partage avec autrui. Il s'y précipite dès qu'il sort de l'école. Pendant les vacances, ses escapades virtuelles se prolongent toute la nuit, si bien qu'il dort de 7 à 17 heures. « Les jeux, c'est mon moteur. Si on m'enlève Internet, c'est même pas la peine... Je sais que c'est une drogue, mais entre drogués on rigole », explique-t-il.

Beaucoup, heureusement, n'en sont pas là, mais ils ont quand même du mal à trouver du plaisir et de la détente autrement, refusant la sortie familiale ou le sport qu'ils pratiquaient pourtant dans la bonne humeur. Là, on doit être vigilant et poser des limites sans peur de déplaire !

« No life »

Nous avons tous rencontré des monomaniaques... de timbres, de modélisme, de bandes dessinées, de musique, mais ces passions, même excessives, n'ont jamais engendré un phénomène de société inquiétant, capable d'absorber toute une classe d'âge. Mais avec les jeux vidéo, un pas de plus a été franchi, parfois un véritable « pas de côté ».

Faites-vous introduire dans l'un d'eux : vous comprendrez cette fascination outrancière et vous constaterez instantanément qu'ils sont plus séducteurs qu'une collection de timbres. La sophistication des images, la perfection des décors y sont sans égales. « C'est comme le cinéma, mais tu es dedans », explique Luc, 15 ans. Les fabricants de jeux ont bien compris les miracles de cette affinité avec le cinéma. Les films à grand succès comme *Harry Potter*, *Star Wars* ou *Le Seigneur des anneaux* ont été adaptés en jeu. Les enfants peuvent y côtoyer leur héros préféré.

De quoi créer une confusion entre imaginaire et réalité. Certains enfants, en effet, ne savent plus très bien où se situe la frontière. Quant aux adolescents qui tombent dans ce travers, ils souffrent souvent d'une nostalgie de l'enfance, avant même d'en être complètement sortis.

Sans doute cherchent-ils à fuir un quotidien qui les angoisse, une réalité écrasante et mortifère, ou peut-être la fragilité de leurs parents. Pour certains, ce sera une scolarité contraignante ou laborieuse qui leur renvoie une image d'eux-mêmes décevante, à des années lumière de leurs rêves secrets ou de leurs ambitions avouées. Pour d'autres, ce sera un conflit parental qui s'éternise, les soucis financiers ou professionnels qui hantent le discours des adultes, ou encore la maladie ou le décès d'un proche.

On remarque qu'ils ont tendance à s'immerger dans ces univers virtuels précisément aux moments les plus décisifs pour leur avenir, par exemple l'année du bac, comme Nicolas, brillant élève, un an d'avance, qui, en cette année de terminale, s'est mis aux abonnés absents et passe le plus clair de son temps à jouer sur son ordinateur à des jeux qu'il télécharge avec passion, comme si la fin de ses études secondaires arrivait trop tôt dans sa vie, et qu'il voulait tout faire pour arrêter le temps !

Les plus atteints sont ceux qui font preuve de grande fragilité, de dépression, de phobies sociales ou scolaires, et qui ont une faible estime d'eux-mêmes. Les vrais accros se donnent eux-mêmes le nom de « *No life* ».

Ils évitent ainsi les situations difficiles, mais, à se couper des réalités, ils renforcent leurs peurs. « Autrefois, pour soulager le mal-être, les ados cherchaient le conflit. Aujourd'hui, ils s'enferment devant l'écran avec un jeu virtuel», remarque le psychologue Michael Stora, spécialisé dans ce type d'addiction. Ce peut être un pansement temporaire, mais la réalité les rattrapera et ils devront bien l'affronter !

⇒ Une illusion de communication

Les excès sont révélateurs d'une difficulté à communiquer. Cela, les enfants n'en prennent pas toujours conscience, car les relations qu'ils entretiennent entre joueurs leur donnent l'illusion d'une intense activité sociale. En fait, les jeux en ligne favorisent à la fois la socialisation et la solitude. Paradoxalement, ces rencontres ne changent rien au comportement solitaire : elles ne résolvent pas la phobie d'une rencontre réelle avec l'autre, elles leur permettent cependant de contourner leurs difficultés relationnelles et de se donner l'illusion qu'ils n'en ont pas.

⇒ Un imaginaire clés en main

S'ils ne sont désormais plus capables de jouer autrement que sur un écran, leur imaginaire personnel risque de s'atrophier. Car l'univers très riche et sophistiqué qui leur est proposé dans les jeux vidéo devance et finit par annihiler celui qu'ils pourraient élaborer seuls. Ils ne vont plus se laisser aller à leurs rêveries personnelles, ne plus faire confiance à leurs scénarios imaginaires qui, pourtant, peuvent nourrir formidablement leur créativité.

⇒ De plus en plus impatients

Dans les jeux vidéo, comme dans les films et les séries que nos enfants affectionnent, tout doit aller très vite : des rebondissements viennent sans cesse relancer l'attention. On y est tout le temps dans le mouvement. Ces rythmes nouveaux induisent un changement des structures mentales : le sens de l'effort et de l'attente s'en trouve marginalisé.

Aussi nos enfants sont-ils tellement habitués à être devant des écrans mobiles que la concentration sur d'autres supports leur semble plus compliquée. Les pages d'un livre, par exemple, sont effroyablement statiques, autant dire carrément rédhibitoires ! Les enfants finissent par ne plus supporter ce qui n'est pas interactif. Lors de leurs visites aux musées, on les voit parfois se précipiter sur le matériel informatique et appuyer frénétiquement sur les boutons, sans même chercher à comprendre le contenu. Les professeurs constatent de plus en plus de troubles de la concentration à la fin du primaire et au début du collège. Les jeux vidéo seraient-ils en cause ?

➾ Un sentiment de toute-puissance

Lors de ces jeux interactifs, l'enfant ne s'identifie pas à un héros, mais à un meneur de jeu, puisqu'il crée et maîtrise lui-même son monde et ses personnages. Un dieu, en quelque sorte. Du coup, il risque de garder plus longtemps ce sentiment de toute-puissance qu'ont naturellement les enfants quand ils sont petits. D'autant que dans le monde actuel, nous avons un peu trop tendance à le considérer comme un roi, à ne rien lui refuser de peur de lui déplaire et de fragiliser un lien affectif qui reste parfois le seul auquel on croie !

Attention grande violence

Si le contenu des jeux que l'on achète sur le marché est surveillé, il n'en est rien de ceux que l'on trouve sur Internet et dont on ne connaît pas la provenance. Certains sont d'une violence inadmissible, incitent à la haine et véhiculent les idées les plus abjectes. Par exemple, un jeu venu des États-Unis propose de tirer sur des clandestins qui passent la frontière mexicaine ! Tuer une femme enceinte y donne des points supplémentaires !
« Quand tu tires sur un personnage, c'est génial, il y a du sang qui gicle de sa tête », lance Gaspard crânement.

Face à la violence, les garçons aiment bien frimer. Une manière d'épater leurs parents et de montrer qu'ils sont imperméables aux émotions. Justement parce que celles-ci, sous toutes leurs formes, ne cessent de les tarauder. L'adolescent est, par exemple, très préoccupé par la mort, car il est en plein travail de deuil : de l'enfant qu'il était, et de l'image qu'il avait de ses parents, protecteurs et tout-puissants. Aussi essaye-t-il de donner le change en se montrant insensible à l'horreur. Une manière pour lui de se prémunir contre ses angoisses. Il est encore un enfant qui aime les histoires un peu terrifiantes, et s'en sert pour élaborer sa parade. N'oublions pas que l'adolescent est sujet à un débordement de pulsions agressives qui lui font peur. Les jeux violents sont souvent une façon de les extérioriser.

Conseils

• **Posez des limites de temps :** sans interdire, il faut limiter, pour empêcher à tout prix les enfants de tomber dans l'excès. La tâche est difficile et demande pas mal de doigté. Mais elle est incontournable, car les adolescents connaissent peu l'art du dosage. Cette gestion les dépasse. Ne présumez pas de leurs forces. Aidez-les et, comme nous l'avons déjà dit, fixez la règle du jeu. Posez des limites dans le temps : par exemple, juste le week-end, ou, si les conflits sont trop nombreux, seulement pendant les vacances.

• **Sachez proposer des alternatives :** les petits de 10-12 ans sont encore réceptifs à d'autres propositions. Profitez-en. Faites des jeux avec eux, Monopoly, dames ou jeux de cartes, peu importe, à cet âge, ils restent enthousiastes pour toute sorte de jeux. Bien sûr, les écrans qui les tiennent immobiles, bouche bée, sont d'excellentes baby-sitters, peut-être est-ce pour cela que nous avons un peu tendance à fermer les yeux. Essayons de discuter avec les plus grands et de trouver avec eux une occupation commune qui fera plaisir à tout le monde.

• **La violence, parlons-en :** essayez de comprendre pourquoi elle les fascine autant. Tentez d'en parler avec eux. Donnez votre point de vue, sans vous énerver, ce qui pourrait les renforcer dans l'idée qu'aucun dialogue n'est possible. Alertez-les sur les idéologies pernicieuses véhiculées par certains jeux. Assurez-leur que ce n'est pas anodin, que ces mentalités ont évidemment des prolongements dans la réalité. Cela reste assez abstrait pour eux car ils ont toujours vécu dans des univers très protégés, à l'abri des guerres et des régimes politiques dangereux. Il convient, là encore, de combattre la banalisation et d'éveiller leur sens critique.

• **Vérifiez les contenus :** certains jeux, que l'on achète dans le commerce, signalent des indications d'âge et des interdictions. Respectez-les. Si un jeu affiche «À partir de 12 ans», ne l'offrez pas à votre enfant de 10 ans sous prétexte qu'il est particulièrement débrouillard et très en avance pour son âge. Si c'est un copain qui lui prête, dites-lui tranquillement que vous n'êtes pas d'accord pour l'instant.

L'essentiel

C'est normal pour les enfants de jouer. Ces jeux vidéo sont ceux de leur génération. Leur interdire signifierait les isoler de leurs copains.

Ces jeux ne sont pas plus bêtes que ne l'étaient les nôtres : ils demandent beaucoup d'inventivité et de réactivité.

Il existe de nombreux cas de dépendance. Limitez, comprenez : en cas d'excès, vos enfants sont peut-être en train de fuir une réalité qui les angoisse. Les jeux vidéo sont des lieux de refuge.

Les jeux en réseau socialisent tout en ne réglant rien des problèmes de solitude et des blocages relationnels.

Les images qui bougent ont fini par rendre nos enfants allergiques aux supports immobiles, au livre par exemple. Les profs s'accordent pour constater une baisse importante de la concentration.

Attention, certains jeux sont d'une violence inouïe et véhiculent des idées abjectes. Ne les laissez pas seuls face à ces débordements.

Chapitre 5
Une gigantesque encyclopédie

On trouve tout sur Internet. Voilà qui, curieusement, ne simplifie pas les recherches. Car il y a tellement «tout» que c'est parfois «n'importe quoi». Face à cette masse d'informations tous azimuts, il devient urgent de développer de nouvelles qualités, d'apprendre à trier, à hiérarchiser, à évaluer. Et aussi à céder à la tentation du copier-coller.

L'accès à une documentation inépuisable..., telle était bien votre motivation première, lorsque vous vous êtes équipés de la connection haut débit à Internet. Outre quantité d'autres usages, vos enfants s'en servent en effet abondamment dans le cadre de leurs recherches scolaires. Il n'est pas rare de voir les plus jeunes s'y mettre, vers 9 ou 10 ans, dès la fin du primaire. Félicitezles, encouragez-les dans leurs initiatives, mais ne considérez pas que, sous prétexte que c'est du travail, ils peuvent s'en arranger entièrement tout seuls. Car, si riche soit-elle, cette nouvelle source de connaissances contient aussi des écueils.

Les bons côtés de cette gigantesque encyclopédie

➾ Comme un jeu

Cette manière d'aller à la pêche aux informations pour un travail plaît beaucoup aux enfants. Les recherches, si ardues soient-elles, prennent pour eux un tour très ludique. C'est comme si, à ce moment-là, travailler c'était jouer. Et les plus jeunes sont fiers d'avoir été capables de récupérer des éléments pour leurs exposés.

➾ Comme un grand

Rechercher seul des informations développe la curiosité intellectuelle et l'autonomie. N'oublions pas que la plupart des savoirs ingurgités par les enfants leur sont inculqués par des adultes. Leur propre expérimentation entre finalement peu en ligne de compte. Internet leur offre la possibilité d'acquérir des éléments par eux-mêmes, de glaner çà et là au gré de leurs intérêts. Sylvain, par exemple, fils d'un intellectuel très cultivé, ayant accès à une bibliothèque bien fournie, s'acharne à tout puiser sur Internet, précisément dans les domaines de prédilection de son père. Lequel en conçoit un certain agacement et ne comprend pas pourquoi son fils ne le consulte pas.

⇒ En découvrir plus encore

Au détour de leurs recherches, les enfants découvrent des domaines d'intérêt qu'ils n'avaient pas soupçonnés. Là où autrefois les petits curieux se plongeaient des heures dans les dictionnaires, glissant d'une recherche ponctuelle à une photo, puis à une illustration, puis à une carte, les jeunes d'aujourd'hui peuvent démultiplier à l'infini cette pratique et l'étendre à toute sorte de passions. Les adolescents, qui ont un intérêt dominant pour la musique, vont par exemple pouvoir élargir leurs goûts à une vitesse impressionnante.

⇒ Tout le monde à égalité

Autrefois, les enfants nés dans des milieux cultivés étaient nettement favorisés par rapport à leurs camarades. Ils disposaient de bibliothèques et de parents

capables de leur donner des éléments ou de les orienter. Aujourd'hui, les possibilités d'Internet rééquilibrent un peu la donne. Loin de créer une véritable égalité culturelle, il met les données à disposition de tous, quelle que soit leur origine socioculturelle.
Mais les facteurs d'égalité s'arrêtent là. Il n'est pas certain que tous les jeunes tirent autant de bénéfices de cette masse de données. L'accès aux informations n'est pas une panacée. Encore faut-il savoir les évaluer, les trier. Alors quantité d'autres compétences entrent en jeu.

On trouve tout, mais ce n'est pas si simple

⇒ Gérer la pléthore : une nouvelle compétence

Aujourd'hui, et pas seulement par le biais d'Internet, nous sommes submergés par une pléthore d'informations, d'images, de créations, d'opinions, de désirs... Nous avons tout à disposition : films, musique, spectacles, données scientifiques, témoignages... Entamer une navigation sur Internet pour un objectif précis peut s'avérer plus problématique que d'ouvrir un placard qui déborde. Aussi certains jeunes enfants qui, au départ, trouvent très ludiques leurs recherches, peuvent être

rapidement dépassés par l'ampleur de ce qu'ils reçoivent. Même pour les plus grands, la masse des informations entrevues est toujours beaucoup plus vaste que ce qu'ils recherchent. Il n'y a pas de limite : l'étendue des possibilités semble sans fin.
Aussi, désormais, l'important n'est-il plus d'accumuler des données, puisqu'une machine nous les met à portée de main, mais de les évaluer, de les trier, et éventuellement de s'en protéger. Les vraies compétences résident désormais dans ces capacités de cheminement et de discernement. Plus que jamais, l'esprit de synthèse et d'analyse entre en jeu. C'est lui qui fera la différence. Sans lui, la masse d'informations, si grande soit-elle, restera toujours dérisoire et caduque.

⇾ Gare aux mauvaises infos

Dans la publication traditionnelle d'un livre ou d'une encyclopédie, les choix opérés par les professionnels des maisons d'édition, et les différentes relectures qui y sont faites, font office de filtre. Aujourd'hui, avec Internet, le parcours du savoir est beaucoup moins hiérarchisé et moins soumis au contrôle des spécialistes : il devient en quelque sorte la somme des connaissances de tout le monde. L'encyclopédie électronique *Wikipedia*, très consultée par les jeunes générations, est un bon exemple de ce nouveau type de procédés. Les articles y sont perpétuellement enrichis par n'importe quel internaute. Celui-ci peut à loisir donner des informations, les compléter ou en supprimer d'autres qui lui semblent fausses. Selon le principe qu'à force d'être corrigée et augmentée, la vérité devrait finalement surnager par un phénomène d'autorégulation. Mais c'est admettre un peu vite que la majorité pense juste...

⇨ Les ravages du copier-coller

De plus en plus de professeurs se plaignent que, pour leurs devoirs, les enfants se contentent de reprendre des textes et des commentaires trouvés sur Internet. Bien sûr, la pratique n'est pas neuve : de tout temps, les élèves ont pillé des fascicules d'annales du bac, ou les devoirs brillants de leurs aînés, mais ils devaient au moins faire l'effort de chercher dans des livres et ensuite de recopier leurs trouvailles. Cette tâche longue et fastidieuse limitait un peu la fraude, et, comme le souligne un professeur de français, le temps du recopiage permettait au moins au tricheur d'assimiler quelques bribes du contenu. Tandis qu'aujourd'hui, avec les nouveaux moteurs de recherche, on peut débusquer des perles sur n'importe quel sujet en tapant simplement un ou deux mots-clés. Des sites proposent même des dissertations, clés en main, en échange de quelques euros. Comble de tout : beaucoup d'enfants reprennent des textes sans même les lire jusqu'au bout. Bref, la triche est devenue plus facile, parce que les sources se sont multipliées et qu'il est plus difficile de prendre les copieurs en flagrant délit.

La triche s'est banalisée et se pratique couramment aussi dans les études supérieures : sept étudiants sur dix pensent qu'un devoir type contient au moins un quart de texte recopié sur Internet !

Il s'agit purement et simplement de plagiat, mais les jeunes n'en ont pas vraiment conscience, car, dans notre société où la gratuité se généralise, ils ont l'impression que ce qui est sur Internet appartient à tout le monde.

On peut aussi s'interroger sur le culte de la performance prôné à outrance tout au long de la vie scolaire : il finit par donner plus de valeur à la débrouillardise qu'au savoir et à la réflexion. Et fait un peu perdre de vue que l'objectif de la scolarité est l'assimilation de connaissances pour aller plus loin dans la réflexion et dans la connaissance du monde. Et non d'avoir coûte que coûte la meilleure note.

➾ La dévaluation de l'effort

Aujourd'hui, tout doit être instantané. La recherche d'informations comme l'assouvissement des plaisirs. Quoi de plus normal pour la plupart de nos enfants. Mais la rapidité n'a pas que des atouts : nous risquons d'y perdre au passage le sens de l'effort. Pourtant, nous ne pourrons jamais en faire l'économie. Le sens de l'effort se déplace, mais reste toujours nécessaire. Même si nous économisons du temps et de la peine pour recueillir des connaissances, il nous en faudra toujours autant pour les assimiler.

Cela, nos enfants l'oublient volontiers : avec cet outil ultraperformant qu'est Internet, ils sont comme dans un libre-service avec tout sous la main. Le risque est que nous nous leurrions sur leurs capacités intellectuelles, et que nous ne percevions plus le dégoût de l'effort qui les paralyse.

Quantité d'enfants qui ont de grandes facilités pour réussir sont en perpétuel échec scolaire, tout simplement parce qu'ils répugnent à apprendre. L'effort nécessaire et incontournable d'apprentissage a fini par leur paraître insurmontable.

Conseils

• **Ça les amuse, tant mieux!** Ne les privons pas du plaisir qu'ils prennent à faire des recherches sur Internet : il est un moteur important dans leur ardeur au travail. Si on adoptait une approche plus ludique lors des premiers apprentissages, les enfants trouveraient sans doute plus de sens aux tâches qu'on leur propose!

• **Ils ne vous consultent plus :** vos enfants négligent de faire appel à vos connaissances et préfèrent trouver sur Internet ce que vous pourriez leur fournir aisément. Ne vous en exaspérez pas. Cette démarche qui vous paraît absurde est tout à fait normale. Votre enfant a besoin d'être en accord avec son temps, et aussi de se prouver qu'il peut se débrouiller seul. À l'adolescence, l'enjeu devient de taille! Cela ne vous empêche pas de lui donner quelques pistes supplémentaires : son savoir en acquerra une coloration plus subtile. La vraie richesse culturelle passe par l'accumulation d'un maximum de strates de connaissances.

• **Pas de complexes à avoir :** vos enfants ont tendance à penser que vous avez nettement moins de capacités qu'Internet. De votre côté, vous vous sentez dépassés, inutiles. Vous n'avez pourtant pas de complexes à avoir :

votre esprit de synthèse restera toujours plus performant que celui d'un gamin de 12 ans.

• **Des infos pas toujours fiables :** il faut alerter les enfants sur les possibilités d'erreur dues à Internet. Ce n'est pas parce qu'une info est sur le Net qu'elle est gravée dans le marbre. Tout ce qui est imprimé dans les livres n'est pas non plus garanti à cent pour cent. Mais, avec Internet, le risque de mauvaises informations s'est accru. Plus que jamais, il faut aider les jeunes internautes à développer leur sens critique, à former leur propre jugement. N'hésitons pas en tant que parents à donner notre avis, à faire part de notre réflexion. Poussons-les parfois dans leurs retranchements pour qu'ils justifient plus clairement un avis, approfondissent un raisonnement.

• **Halte au copier-coller :** attirez leur attention sur le phénomène du plagiat. Piller les idées des autres, ce n'est pas être plus malin. C'est au contraire avouer qu'on est incapable de réfléchir par soi-même. C'est se dévaloriser et admettre sa faiblesse comme un état de fait. Redonnez-leur confiance en eux en valorisant leur réflexion personnelle, même si celle-ci vous semble mince. Il sera alors temps de les encourager à pousser plus avant leur propos.

Chez les plus jeunes, si ce travail de recherche n'est pas accompagné, on peut douter de leurs capacités à l'utiliser de façon pertinente.
Rappelez-leur que leur but, ce n'est pas d'avoir 17 sur 20 à leur devoir, mais de vérifier l'état de leurs connaissances et de leur compréhension, pour pouvoir les améliorer. Ils vont à l'école pour apprendre et s'enrichir intellectuellement, pas pour faire plaisir aux profs et aux parents.

• **Se faire aider sur Internet :** il existe un site, «Cyberpapy», tenu par des retraités qui aident gratuitement les enfants dans leurs travaux scolaires, les font réfléchir, les orientent et répondent à leurs questions. Ce peut être un bon tuyau pour les inconditionnels d'Internet (*voir* Contacts utiles).

• **Réapprendre le sens de l'effort :** il faut bien rappeler à nos enfants qu'ils ne peuvent pas faire l'impasse de ce temps nécessaire d'acquisition, même s'ils sont très doués, même s'ils sont les plus forts pour tout dénicher sur Internet. Veillons à ce que, malgré la performance des outils, ils mobilisent leur réflexion, soutiennent un effort d'organisation, de mise en place du travail, de présentation. Quelques conversations sur les sujets traités vous permettront de vérifier s'ils digèrent ou non ce qu'ils utilisent. Là encore, cela implique de leur consacrer un peu plus de temps.

L'essentiel

- Rechercher des informations sur Internet peut réactiver leur appétence pour le travail scolaire et développer leur autonomie. Ne boudons pas ces avantages.

- Toutefois, devant cette masse de données en tout genre mises à leur portée, d'excellentes comme de moins bonnes, il est urgent de développer leur sens critique et leur capacité de synthèse.

- Ils doivent comprendre que, s'il est facile de trouver des informations, leur mise en perspective, leur compréhension demanderont toujours du travail et des efforts.

- Gare au copier-coller qui, au dire des professeurs, se généralise de plus en plus. Avec cette pratique, ils se dévalorisent à leurs propres yeux et se mentent à eux-mêmes.

Chapitre 6
Sites indésirables : danger !

Vous ne connaissez peut-être pas tout ce qui circule sur Internet : le meilleur mais aussi l'inimaginable, la grande violence, la pornographie, les idéologies les plus dangereuses... Nos enfants ont toutes les chances d'y être confrontés, au moins une fois dans leurs jeunes années, volontairement ou non. Le dialogue, la parole et l'apprentissage du jugement restent, là encore, les parades les plus efficaces contre le traumatisme.

La plupart des parents ont abordé Internet de manière utilitaire, dans le cadre de leur profession. Aussi n'en ont-ils souvent qu'une connaissance partielle, essentiellement axée sur la messagerie et la documentation. Peu d'entre eux ont suffisamment surfé sans but pour prendre la mesure tentaculaire de cet outil. Car Internet, c'est le monde entier à portée de main : on y retrouve donc naturellement tous les aspects de la nature humaine, les plus créatifs, les plus intéressants, les plus surprenants, les plus originaux, ou encore les plus dérisoires, les plus conformistes, mais aussi les plus dangereusement criminels, les plus violemment déviants. Du meilleur au pire, l'éventail est infini. Nous ne réalisons pas toujours à quel point nos enfants peuvent aujourd'hui être de plain-pied avec cette réalité tout entière. Aussi, lorsque nous décidons de maîtriser leur boulimie d'Internet, nous nous polarisons plus volontiers sur les limites temporelles, et sommes moins attentifs au contenu. Or, d'après un sondage réalisé par l'IFOP, un jeune sur trois a été confronté, volontairement ou non, à des images choquantes.

Explorer les sites porno, un passe-temps d'adolescents

C'est la grande activité des enfants les plus âgés, surtout des garçons, le soir, quand les parents ne sont pas là. Rien de bien nouveau. De tout temps, les adolescents ont été attirés par les images de la sexualité. Pour transgresser les règles admises, et surtout par besoin d'assouvir leur curiosité. À l'adolescence, l'univers du sexe fait peur et fascine à la fois. Quoi de plus naturel, alors, que de chercher à en explorer tous les recoins. Il est normal aussi qu'ils le fassent en cachette. À cette époque de la vie, tout ce qui est de l'ordre de la sexualité ne peut, en aucun cas, se partager avec les parents. Si les garçons sont les plus friands de ces images pornographiques, c'est parce que, dans ce domaine, ils subissent une plus grande pression sociale que les filles : sur eux pèse l'impératif de l'exploit. Aussi savent-ils qu'ils ne pourront pas tricher avec leur ardeur sexuelle. La sexualité masculine se déroule dans le visible. Tandis que les filles, elles, peuvent se réfugier dans quantité de postures, dont la feinte. Leur sexualité y gagne une tournure plus intime, et aussi plus libre.

La surenchère actuelle

Si, de tout temps, les adolescents ont été attirés par les images de la sexualité, l'accès en était autrefois plus compliqué. Les générations précédentes devaient faire la démarche d'aller chez le marchand de journaux de leur quartier et d'oser demander une

revue érotique. Avec Internet, l'accès en est évidemment plus facile.
Sans doute les adolescents sont-ils aujourd'hui beaucoup plus sollicités par la pornographie. Certaines radios parlent de sexualité de manière très crue, laissant entendre à leurs jeunes auditeurs qu'ils doivent en savoir et en faire beaucoup pour être à la hauteur. N'oublions pas aussi que nous sommes dans une société où l'image est omniprésente. Nous trouvons désormais légitime de tout voir.

Les risques de tomber sur des images très choquantes

Sur Internet, on trouve de tout : des images érotiques, mais aussi des sites franchement porno avec des images filmées, jusqu'aux pratiques les plus déviantes, comme la zoophilie, le sadomasochisme ou la grande violence. À côté, les bons vieux journaux « pour hommes » achetés en cachette font figure de bluettes. En assouvissant leur curiosité naturelle sur Internet, nos adolescents risquent d'être amenés beaucoup plus loin qu'ils ne l'auraient souhaité. Des images excessives peuvent les choquer terriblement, voire les dégoûter.

C'est peut-être pour cette raison qu'ils explorent souvent les sites porno à plusieurs. Histoire de mettre ces images à distance, et de pouvoir en rire. Si leur curiosité est la plus forte et qu'ils tiennent néanmoins à les regarder, c'est en se confortant ensemble qu'ils ne sont pas dupes.

Quel effet ces images peuvent-elles avoir ?

Autrefois, on assurait souvent que les revues érotiques avaient valeur d'éducation sexuelle. Il n'en est rien des sites pornographiques. Bien au contraire : ils donnent aux adolescents une vision de la sexualité aux antipodes de ce qu'ils vont vivre. Ils renvoient aux garçons un modèle inquiétant de ce qu'ils devraient faire. L'univers de la pornographie diffuse aussi une image très humiliante de la femme : forcément soumise, dominée et consentante. Dans la pornographie, on est dans le règne du « tout est permis », « tout est possible », « rien n'est choquant ». Le mâle dominant a tous les droits ! La fille, elle, n'a le droit que de se taire et de subir. Il n'est pas étonnant, dans ce contexte, que le phénomène des tournantes se multiplie : la fille devient un objet manipulable à merci.

Ces explorations dans l'univers du sexe n'apprennent rien aux adolescents sur l'amour. Bien évidemment, ils n'en sauront pas plus sur l'aspect le plus important et le plus compliqué à gérer dans une relation amoureuse : l'émotion, les rapports affectifs, les sentiments de l'autre, ses désirs, etc.

S'ils tombent dessus par inadvertance

Les enfants peuvent tout à fait innocemment tomber sur des images choquantes. Quantité de mots anodins mènent à des sites pornographiques. En tapant « zoo », Céline est tombée sur un site de zoophilie. Ne comprenant pas bien de quoi il était question, elle l'a exploré plus avant, pour comprendre !

Dans ces confrontations involontaires, les enfants sont beaucoup plus démunis et auront davantage de mal à prendre de la distance. Véritables effractions, ces rencontres peuvent être terriblement choquantes et traumatisantes, surtout pour les plus petits. Car un enfant impubère est incapable d'imaginer la sexualité d'un adulte. Il aura alors souvent tendance à encaisser seul son trouble et, dans la mesure où il aura aussi été fasciné par ces images suffocantes, il se sentira coupable.

Théo, 9 ans, faisait une recherche pour un exposé et, en tapant le mot-clé « chat », il est tombé sur un site porno lesbien. D'abord choqué puis fasciné, il y est retourné à plusieurs reprises. Conscient d'avoir franchi une limite, il n'en a pas parlé à ses parents, mais très vite il s'est mis à souffrir d'anxiété et de troubles du sommeil.

Il y a encore bien pire...

Il existe aussi, sur Internet, quantité de sites déviants, qui encouragent au suicide, qui recrutent des émules pour des sectes et des organisations terroristes, sataniques, pédophiles. Selon les services de gendarmerie, on estime qu'environ 200 000 images pédophiles circulent en permanence. Récemment, des enfants ont été gravement blessés en fabriquant des bombes pour s'amuser... suivant une recette glanée sur le Web.

Attention aux sites sur l'anorexie

On remarque une inflation des sites qui prônent les comportements anorexiques. Ils sont créés par des

malades sérieusement atteintes d'anorexie ou de boulimie qui font du prosélytisme et exaltent la maigreur extrême, tout en dispensant bon nombre de recettes pour l'atteindre.
Les adolescents sont particulièrement vulnérables à ces pathologies du comportement alimentaire, car, à l'âge de la puberté, ils doivent apprivoiser un corps nouveau et perdent un peu leurs repères. Ce passage peut se faire dans le bonheur, mais aussi parfois dans l'angoisse. Et ne plus manger leur donne le sentiment qu'ils contrôlent au moins quelque chose dans un contexte plus large qui leur échappe.
Notons que ces maladies progressent dans une société où dominent les préoccupations sur le corps et son image. Où les journaux de mode érigent en modèles des silhouettes fictives (puisque les photos de mannequins sont en grande partie retouchées). Si bien qu'aujourd'hui le culte de la minceur est partagé par toutes les tranches d'âge. De nombreux enfants sont élevés par des parents très obsédés par leur ligne !

Conseils

• **Images choquantes, que leur dire?** N'hésitez pas à leur faire part de votre opinion sur la question, de leur expliquer que, pour vous, la sexualité, ce n'est vraiment pas cela. Ce point de vue parental, même s'il peut paraître ringard, est indispensable pour contrebalancer le discours ambiant très normatif et banalisant. Si vous les sentez très bloqués et incapables d'aborder avec vous le thème de la sexualité, encouragez-les à faire part de leurs inquiétudes à un adulte de leur choix.

• **Rassurez-les :** si l'enfant parle des découvertes qui l'ont traumatisé, tant mieux! C'est l'occasion de le rassurer, de lui faire comprendre qu'il n'est en rien coupable. Et surtout de lui rappeler que tomber amoureux de quelqu'un et s'aimer physiquement, ce n'est pas ça : c'est beaucoup plus beau.

• **Apprenez-leur les limites de la curiosité :** en matière de sexualité, les excès ne sont pas synonymes de plaisir accru. Aussi, les livres érotiques, qui suggèrent sans imposer, sont plus riches parce qu'ils laissent libre d'élaborer des images personnelles. Vantez-leur les vertus de leur propre imaginaire. Qu'ils lui fassent confiance. Leurs fantasmes sont plus intéressants et plus précieux que ceux que d'autres leur imposent. Les adolescents, qui redoutent tant l'emprise des adultes, devraient être sensibles à ces arguments.

• **Parlons de la sexualité à nos enfants, et arrêtons de penser qu'ils savent tout sur tout :** le moment idéal serait avant l'adolescence, vers 10-11 ans, avant qu'ils ne soient eux-mêmes en prise avec les émois de la rencontre amoureuse. Car, alors, tout discours prend des allures d'intrusion parentale.

• **Découvrez les logiciels de contrôle parental :** peu de parents (17 %) en ont installé un. Renseignez-vous auprès des associations. E-enfance (*voir* Contacts utiles) a fait des études particulièrement sérieuses sur les propositions des différents fournisseurs d'accès.

• **Placez l'ordinateur dans une pièce commune :** jamais dans la chambre d'un enfant de moins de 15-16 ans.

• **Gare aux sites sur l'anorexie :** si vous constatez que votre enfant (aujourd'hui, cette maladie très féminine atteint aussi les garçons) a des comportements alimentaires obsessionnels, qu'il trie ses aliments, qu'il veut manger à part, consultez au plus vite, avant qu'il ne s'enferre dans une spirale pathologique. L'anorexie est une maladie grave.

• **Avertissez :** des services de police et de gendarmerie travaillent sur la question des sites dangereux. Vous pouvez les alerter sur différents types de déviance sur Internet (*voir* Contacts utiles).

• **Développez leur sens critique :** le filtre le plus sûr, celui qui sera utile à vos enfants en toutes circonstances, reste un solide sens critique. Apprenez-leur à le développer. Ce n'est pas parce qu'une information ou un conseil circulent sur le Web qu'ils sont recommandables. Démontrez à vos enfants qu'ils peuvent aussi bien être manipulés sur Internet qu'ailleurs, que ce n'est pas parce qu'ils sont chez eux, tranquillement installés dans leur chambre, qu'ils sont protégés des mauvaises intentions d'autrui.
Dans la foulée, apprenez-leur à oser dire qu'ils ne sont pas d'accord, à donner leur avis aux autres, même à des bons copains plus faibles qu'eux qui tombent dans le panneau.

L'essentiel

L'attirance des plus grands pour les sites pornographiques correspond au besoin d'explorer un monde qui les fascine et les effraie en même temps.

Attention, leurs attentes risquent d'être largement dépassées. Certaines images, très choquantes, vont leur donner une fausse idée de l'amour et de la sexualité. Incitez-les à préserver leur propre imaginaire et à ne pas s'en laisser imposer un autre.

Tomber sur des images violentes par inadvertance est un peu comme une effraction psychique. Ne le négligez pas s'ils vous en parlent.

Internet regorge de sites déviants en tout genre. Installez un logiciel de filtre.

Le moyen le plus sûr de protéger vos enfants est encore une éducation rapprochée et personnalisée. Plus que jamais, ils ont besoin de discernement, de vigilance personnelle, d'indépendance d'esprit, et aussi de personnalité pour se démarquer éventuellement d'un discours dominant qu'ils réprouvent.

Chapitre 7
Halte au piratage !

Pour un enfant, rien de ce qu'il consomme chaque jour n'a de prix, puisque tout lui arrive le plus naturellement du monde. La pratique croissante de la gratuité n'arrange rien. Aussi pirater des films ou de la musique lui semble-t-il normal, même s'il sait que c'est une infraction. Désormais, la législation s'attaque de plus près au problème : la tolérance n'est plus de mise et les amendes vont tomber. Une bonne occasion d'éveiller les adolescents aux équations économiques, qui d'ailleurs seront bientôt les leurs.

Le téléchargement de musique, de films et de séries est l'une des activités principales des jeunes sur Internet. On connaît leur passion naturelle pour la musique. Avec Internet, l'éventail de leurs goûts s'est considérablement élargi... Leur appetit aussi. Comme leur argent de poche n'est pas extensible, ils ont trouvé la parade : ils téléchargent gratuitement.

Cette pratique illégale était jusqu'alors plus ou moins tolérée, car les systèmes efficaces de contrôle et de surveillance n'avaient pas encore été systématiquement mis en place. Depuis qu'une loi a été votée (*voir* chapitre 1), le flou artistique se dissipe : les sanctions seront appliquées. Des services de gendarmerie et de police sont désormais affectés au repérage des fraudeurs. Mais n'oublions pas que les responsables pénaux sont, bien évidemment, les parents.

Le désir de tout avoir

Si Internet multiplie les possibilités de communication des jeunes, décuple leur accès au savoir et à l'information, il développe aussi chez eux le sens de la propriété. Nous vivons dans une société de consommation où il est devenu impératif de posséder (les téléphones portables les plus performants, le meilleur appareil photo numérique, les vêtements de marque les plus en vogue...), bref, « d'en avoir plein nos armoires », comme le chante Alain Souchon.

Dans un tel contexte, il est assez naturel que nos enfants développent un matérialisme exacerbé et soient adeptes d'une consommation sans limites. Les

fabricants l'ont bien compris et les prennent pour cible privilégiée, les matraquant de publicités qui leur donnent envie de consommer encore davantage.
Nos enfants sont d'autant moins aptes à résister à ces sirènes que, depuis leur tendre enfance, nous avons eu la fâcheuse tendance à tout leur accorder. En pensant, à tort, que leur refuser quelque chose, c'est prendre le risque d'être moins aimés d'eux.

Tout, tout de suite

Plus personne ne peut l'ignorer, nous vivons dans l'ère de l'instantané. Ce principe régit désormais tous les domaines : la transmission des images, les fluctuations économiques, l'information, la communication... Notre consommation n'y échappe pas non plus. À tel point que l'attente devient incongrue et insupportable. Juliette, 16 ans, inconditionnelle des séries américaines, les télécharge illégalement, « pour les voir tout de suite, avant que les chaînes françaises ne les programment ». Là encore, cette impatience trouve un écho dans les modes d'éducation dominants. La frustration est souvent vécue par les parents comme une entrave au bonheur. Aussi apprennent-ils peu à leurs enfants l'attente et la patience indispensables pour différer le désir. Beaucoup de jeunes ignorent aujourd'hui le simple fait d'économiser pour s'acheter l'objet dont ils rêvent. Il leur semble naturel d'avoir tout, tout de suite : une musique qu'ils viennent de découvrir, une série dont ils ont entendu parler, un film que leurs copains ont déjà vu. Et ce serait encore mieux s'ils pouvaient se les procurer avant les autres ! Évidemment, ils pourraient se les faire prêter, mais ils préfèrent les posséder. Comme, bien sûr, ils ont des limites financières, ils se débrouillent pour les détourner. Les voilà devenus des internautes « pirates », soit des voleurs en chambre.

Une débrouillardise qui épate les parents

L'adolescent n'est pas peu fier d'arnaquer. Cela satisfait son désir de transgression. Rien que d'assez naturel. Ce qui l'est moins, c'est que les adultes acquiescent. Loin de choquer les parents, ces pratiques bien souvent les arrangent : elles ont la vertu d'être terriblement économiques. D'autre part, ils sont souvent assez bluffés par la débrouillardise de leurs rejetons, même si celle-ci enfreint la loi.

La gratuité, pour eux c'est normal

La pratique de la gratuité se généralise dans la société tout entière : depuis les journaux gratuits jusqu'aux informations divulguées sur Internet. Pour la plupart des enfants, qui n'ont bien souvent jamais entendu parler de redevance audiovisuelle pour les chaînes publiques, la télévision et la radio sont également gratuites. L'information semble être un dû. En anglais, gratuit se dit *free*, qui signifie aussi « libre », c'est tout dire. La gratuité devient donc une donnée impulsive et naturelle. Un peu infantile aussi. Les contraintes de la réalité sont ressenties comme de plus en plus incongrues. Et nous perdons à grands pas le sens du coût des choses.

Conseils

• **Ne tolérez pas le piratage :** habitués à cet état de demi-laxisme où bien peu de pirates se faisaient prendre, vos enfants vous rétorqueront que les risques sont minimes. Ne supportez pas de placer la discussion à ce niveau. Il est temps pour eux d'entamer une réflexion plus citoyenne et responsable : ce n'est pas parce qu'on n'est pas pris que c'est bien.

Les sites de téléchargement payants se répandent et vont être de mieux en mieux achalandés. Il est déjà possible d'y acquérir musique et films, tout en payant beaucoup moins cher (environ moitié prix) que dans un magasin. Encouragez vos enfants à cette solution médiane tout à fait légale.

• **Donnons l'exemple :** rappeler la loi à nos enfants implique que nous nous interrogions sur nos propres pratiques : serions-nous prêts à tout pour échapper aux impôts ? pour payer des prestations au noir ? pour ne pas honorer nos contraventions ? Bien sûr, personne n'est parfait. Mais pourrions-nous envisager un système de vie fondé sur le chapardage ? On ne peut pas inculquer des règles sans donner l'exemple. En matière d'éducation, on ne rappellera jamais assez l'importance du modèle. Il ne suffit pas d'être dans le discours.

• **Refrénez la consommation intempestive :** pour tempérer leur boulimie de tout avoir, on peut mener avec nos enfants un travail de réflexion, et cela dès la petite enfance. Lorsqu'on va au supermarché avec un enfant de 10 ans, on peut le prévenir : « Aujourd'hui, tu viens si tu veux m'aider, mais je n'achète que ce dont on a besoin pour les repas et on ne s'arrête ni aux DVD, ni aux jeux vidéo ! » À un adolescent qui réclame sans arrêt des vêtements de marque, on peut répondre : «Je comprends que cela te fasse envie, mais avec tout cet argent, on va plutôt prendre une semaine de vacances.»

• **Montrez-leur que rien n'est gratuit :** expliquez à vos enfants comment se fabriquent les choses, détaillez-leur les circuits de l'information, mais aussi ceux des denrées indispensables, comme l'électricité ou le chauffage, ou encore ceux du cinéma dont ils raffolent. Informez-les du débat sur les droits d'auteur. Réfléchissez avec eux à ce qu'induit la gratuité dans le domaine artistique. Apprenez-leur à penser un peu plus loin que le bout de leur nez. S'ils n'acceptent pas de payer pour la musique qu'ils aiment, faites-leur comprendre ce que cela implique pour les artistes. Eux-mêmes seraient-ils prêts à faire un travail non rémunéré ?

L'essentiel

Les enfants ne sont pas conscients du coût des choses. D'autant que la gratuité devient une norme dans beaucoup de domaines. Il leur semble donc naturel de s'approprier tout ce qu'ils aiment.

Attention, télécharger de la musique, des films ou des séries sur Internet est devenu illégal. Les parents sont donc responsables devant la loi.

- Nos enfants sont insatiables et impatients. Apprenons-leur la patience et l'art de différer leur plaisir.

- Ne soyons pas fiers de leur débrouillardise d'arnaqueurs en herbe. Apprenons-leur à réfléchir sur les conséquences de leurs actes, et à être cohérents avec les principes dont ils se réclament.

Chapitre 8
Nouveaux outils, nouvelles pratiques

Nos enfants ont parfois des comportements qui nous surprennent : ils font quinze choses en même temps, ou adoptent des raccourcis de langage assez barbares. Beaucoup de ces pratiques leur sont dictées par les nouvelles technologies. Le comprendre permet de mieux décrypter ces tics qui nous agacent.

À nouveaux outils, nouvelles mœurs. Ainsi l'humanité se transforme depuis la nuit des temps. Le téléphone a changé les rapports entre les êtres, le train, leur relation à l'espace... Aujourd'hui, grâce à Internet, la communication en temps réel a modifié le monde de fond en comble : de l'économie jusqu'à la culture, en passant par la politique, l'information, les loisirs. Nos mentalités et nos manières d'être évoluent à la mesure de ces bouleversements. Nos enfants, qui n'ont pas vécu ces mutations mais sont nés de plain-pied dans les nouvelles technologies, s'y sont adaptés tout naturellement. Aussi certaines de leurs pratiques nous déroutent, parfois même nous scandalisent.

Tout faire en même temps

Nous n'avons jamais bien compris comment certains enfants pouvaient faire leurs devoirs tout en regardant la télévision. Avec Internet, ils ont franchi un échelon de plus dans cette acrobatie. Car l'ordinateur n'a pas toujours remplacé le petit écran : dans certains cas, il s'y ajoute ! Il n'est pas rare, en effet, que des enfants suivent d'un œil une conversation sur MSN, tout en jetant l'autre sur un travail scolaire, le tout devant la télévision allumée ou sur un fond de musique téléchargée ! Si vous vous en étonnez, ils rétorquent que le travail en question n'est que du recopiage, lequel ne demande aucune concentration.
La nouvelle génération semble s'être habituée aux sollicitations multiples qui, désormais, nous assaillent sans cesse, dans la rue, dans les magasins, mais aussi dans nos foyers. On ne peut effectuer un trajet dans

une ville sans subir quantité d'incitations visuelles ou sonores, par le biais de publicités, de messages ou de musique de fond. Tant de loisirs nous sont proposés que nous ne savons plus très bien où donner de la tête. Prenant conscience que nous n'aurons jamais le temps de profiter de tout, nous éprouvons un sentiment diffus de frustration. Ce problème de la pléthore que nous avons évoquée précédemment (*voir* chapitre 5), nos enfants s'y sont adaptés à leur manière : ils consomment tout en même temps! Pas forcément pour le meilleur : les professeurs soulignent leurs difficultés croissantes à approfondir leurs idées.

Nouveau langage, nouvelle orthographe

Les messageries électroniques ont relancé l'écrit chez les jeunes. Sur les chats, ils doivent dialoguer, se présenter, être inventifs en matière de langage. Celui-ci est devenu un mode de création à part entière. Bien sûr, la grammaire et la syntaxe en prennent un coup. Ils sont capables de concentrer toute une phrase en quelques signes, lettres ou chiffres lus phonétiquement. «*2m1, keske tu fé*» = «Demain, qu'est-ce que tu fais?» Rien de bien neuf. Les adolescents d'aujourd'hui n'ont

pas l'apanage de l'argot : chaque groupe restreint tend à s'en fabriquer. Ces codes tiennent lieu de signes de reconnaissance. Et permettent la transgression symbolique de l'ordre établi. Ainsi les adolescents peuvent se démarquer des adultes, même de ceux qui se donnent beaucoup de mal pour faire jeunes, car ces derniers sont souvent en retard d'un métro.
Ces distorsions du vocabulaire et de l'orthographe sont des phénomènes récurrents : il n'y a pas lieu de s'en affoler. À condition que les enfants prennent conscience des limites de ce langage, et qu'ils s'expriment normalement avec des adultes.

Un domaine d'expertise pour les jeunes

Si nos enfants traînent les pieds quand on leur demande d'aller acheter une baguette de pain, ou de descendre la poubelle, ils deviennent subitement très serviables lorsqu'on leur soumet la recherche d'un horaire de train, ou la vérification d'une date. Ils peuvent en toute légitimité se précipiter sur leurs chers écrans. Il faut bien se rendre à l'évidence : ils sont devenus les internautes les plus experts de la maison, doublés souvent de techniciens hors pair, capables de résoudre les problèmes de branchements les plus inextricables et de faire fonctionner une imprimante rebelle. Qui ne s'est jamais entendu répondre : «Tu es nul, tu n'as toujours pas compris comment on faisait pour envoyer un mail!»? Alexis, 15 ans, que son père appelle au secours parce que son imprimante ne répond pas, soupire dans sa barbe naissante : «Quinquagénaire et même pas cap de cliquer sur un bouton!» Malgré ces remarques, il est bien pratique d'avoir ces dépanneurs prodiges à domicile.

De leur côté, les enfants ne sont pas peu fiers de régner en maître dans ce domaine, et de s'y substituer à leurs parents. Du coup, nous les laissons gérer ces affaires informatiques qui nous passionnent peu. En retour, eux s'octroient plus facilement le droit d'accéder à l'ordinateur. Ils se sentent plus forts que leurs parents, et parfois font tout pour le rester. Aurélie, 15 ans, répond à son père qui lui demande de l'initier à Internet : «Tu n'y arriveras pas, tu es beaucoup trop vieux!»

Ce renversement des rôles dans un domaine bien limité peut être positif pour un grand adolescent : cela lui permet de s'affirmer dans sa différence et son autonomie. C'est valorisant à un âge où on doute beaucoup de soi.

Mais, à 10-11 ans, cette confusion des places a des effets plutôt négatifs, parce que, à cet âge, on a besoin de parents solides et plus forts que soi. Cela peut entretenir une certaine insécurité, mais surtout maintenir ou confirmer leur sentiment de toute-puissance, et leur laisser entendre qu'ils sont les rois de la maison.

Filmer ses délits

Ces derniers temps, on a relevé des cas d'agressions filmées par leurs agresseurs mêmes avec leurs téléphones portables. Lesquels se sont empressés de mettre ces images sur Internet, fiers d'exhiber leur «butin» précieux. Les cas se multiplient : l'affaire d'Abou Graïb (tortures et humiliations perpétrées et photographiées par des militaires américains dans une prison irakienne) en a été le révélateur ; puis, en France, le cas d'une enseignante de lycée filmée en pleine agression dans sa classe.
Si, de tout temps, les petits caïds aiment se montrer les plus forts et s'enorgueillissent de leurs «exploits», la mise en ligne de ces images violentes amplifie dangereusement le phénomène. Cette mise en valeur de leurs actes

affaiblit le sentiment de culpabilité, qui reste un garde-fou indispensable contre la barbarie.

Conseils

• **Ils font tout en même temps :** gare à la superficialité. Tentez un petit jeu : interrogez-les sur ce qu'ils ont retenu de ces consommations simultanées (télévision, musique, messagerie), ce qu'ils gardent en tête du devoir qu'ils préparaient en même temps. Histoire de démontrer que cette pratique leur donne une approche superficielle de tout. Aidez-les à se concentrer sur un seul sujet et à pousser leur réflexion le plus loin possible.

• **Langage codé, oui, mais pour un usage limité :** signalons-leur les limites d'un tel langage. Signifiez-leur clairement qu'il est à usage « interne ». Sous peine de se couper d'une partie de la société. Communiquer avec des personnes d'autres générations, c'est important pour leur avenir, et cela ne peut pas se faire sur ce mode.

• **Ne nous laissons pas bluffer par leurs compétences en informatique :** rappelons-leur que nous avons plein de compétences qu'ils n'ont pas. En particulier toutes ces expériences humaines qui leur font défaut, et qui sont tout autant utiles qu'une grande technicité informatique. Qu'ils soient habiles avec cet outil ne justifie pas qu'on ne leur pose aucune limite.

• **Face à la violence, réagissons :** n'ayons pas peur de passer pour des vieux dépassés, et affirmons notre indignation devant des actes de violence inadmissibles. N'oublions pas les messages élémentaires d'éducation.

• **Portables sophistiqués, attention danger !** De plus en plus, les enfants vont avoir la possibilité de consulter Internet à partir de leurs téléphones portables : ceux-ci sont de plus en plus performants. Ils vont ainsi pouvoir échapper à tout contrôle parental et seront donc de plus en plus exposés.
Donner des mobiles ultrasophistiqués à des enfants jeunes, c'est mettre à leur disposition une Ferrari alors qu'ils n'ont pas le permis de conduire. Au moment de leur prendre un abonnement, renseignez-vous s'il contient l'accès à Internet, et s'il est possible de le supprimer. Sous peine de recevoir des factures vraiment « douloureuses ».

L'essentiel

- Télévision, musique, MSN et devoirs : ils ont tendance à faire plusieurs choses en même temps. Une acrobatie qui ne favorise pas leur capacité de concentration et les habitue à se contenter d'une approche superficielle de tout.

- Langue déformée, orthographe bafouée. Il s'agit d'un code générationnel tout à fait normal, à condition que son usage reste limité aux copains.

- L'informatique leur fournit un domaine d'expertise et une supériorité dans la famille. Ce renversement des rôles doit être à usage limité, pour les plus grands seulement.

- Des adolescents ont commis des agressions qu'ils ont filmées avec leurs téléphones portables, puis mises en ligne. Attention à la banalisation de la violence et à la baisse de culpabilité.

Conclusion

«Ferme cet écran» ; «Tu t'abrutis complètement» ; «Tu ne fais plus que ça»... Beaucoup des critiques que nous portons à longueur de journée contre nos internautes maniaques ont des allures de rengaines. Elles ont en effet amplement servi d'arguments contre l'attraction irrésistible de la télévision, autre instrument addictif. Pour l'un comme pour l'autre, les griefs se mesurent désormais en temps passé. Avec des progressions chaque année à la hausse : les enfants sont cloués en moyenne trois heures et demie par jour devant le petit écran, contre trois heures il y a quelques années ! Nous disposerons sans doute bientôt de données aussi précises pour la présence devant l'ordinateur.

Si ces deux écrans agissent parfois comme une drogue et peuvent engendrer des phénomènes plus ou moins sérieux d'addiction, leurs points communs s'arrêtent là, car leurs contenus aussi bien que leurs utilisations diffèrent radicalement. La télévision se consomme souvent en famille, ou en groupe. Même si, aujourd'hui, sa pratique a tendance à s'individualiser, avec les programmes à la carte et la multiplication des postes dans un même foyer, elle permet toujours le partage de l'information, des connaissances ou des loisirs. La preuve : elle trône souvent au milieu du salon et implique la présence d'un canapé. Quant à Internet, résolument individuel, il se consulte assis sur une chaise, seul devant un bureau.

C'est sans doute un des reproches majeurs que l'on peut faire au Web : il disqualifie les relations familiales et surtout intergénérationnelles. Pas seulement pour une histoire de chaises que l'on ne peut disposer en nombre devant un écran d'ordinateur, mais parce que Internet est, par nature, un outil générationnel et même tribal.

L'hypercommunication qu'il permet diffuse à l'excès les normes du moment. Les messageries électroniques agissent comme une caisse de résonance et contribuent à amplifier les modes et les opinions d'une classe d'âge. Lesquelles deviennent omniprésentes, à tel point qu'il devient difficile de s'en dégager. Et Dieu sait si les adolescents ont toujours été avides de s'y conformer. Même les plus indépendants et les plus solitaires d'entre eux ne peuvent plus ignorer les pensées dominantes de leur génération. Toute autre forme de discours en devient nulle et non avenue. On peut craindre parfois que la pensée de masse ne remplace ainsi toute réflexion individuelle.

Ce phénomène pourrait s'accentuer en fonction du temps consacré à l'ordinateur. Certains enfants passent en effet tant d'heures sur les blogs, les chats ou MSN, qu'ils n'ont matériellement plus une minute pour d'autres types de relations. Les moments de partage avec les parents, les grands-parents ou les frères et sœurs en font les frais. Et cela sans que ces échanges familiaux leur manquent le moins du monde, car ils sont persuadés qu'Internet peut procurer des réponses à toutes les questions. La puissance de documentation disponible sur le Web les confirme dans cette idée qu'ils ont les moyens de tout trouver seuls, et qu'ils n'ont plus besoin des adultes. Face à ce savoir tentaculaire consultable à tout moment, les capacités de leurs parents leur semblent terriblement limitées. Ce fantasme éternel, des adolescents, de se passer des adultes, se trouve ici renforcé.

Face à cette lame de fond, nous, parents, nous sentons impuissants. Nous avons l'impression que nos connaissances ne font plus contrepoids. D'autant que, côté nouvelles technologies, nos rejetons s'avèrent infiniment plus habiles que nous. Dévalorisés à beaucoup d'égards, nous avons une telle crainte d'apparaître ringards, de passer pour des vieux croûtons, que nous mettons nos opinions en sourdine. D'autant que l'air du temps nous incite plutôt à nous donner un coup de jeune en nous coulant dans la mentalité adolescente. Et puis, au nom des principes de l'individualisme exacerbé et de l'épanouissement personnel, reconnaissons que nous avons peur d'imposer des règles à nos rejetons, de brimer leur liberté et leur autonomie. Mine de rien, de façon assez pernicieuse et toxique pour les enfants, nous agissons finalement comme s'ils n'avaient plus rien à apprendre de nous ! Cette dérive, que nous avions déjà évoquée il y a quelque temps dans *Vos enfants ne sont pas de grandes personnes*, n'aide pas nos enfants à grandir sereinement. Elle va jusqu'à nous faire oublier notre rôle essentiel de parent : celui de guide. Il n'en faut pas plus pour engendrer, à l'échelle d'une société, un véritable déficit de transmission.

Ne baissez pas les bras

L'écrasante masse des informations extérieures ne doit pas vous dispenser de prodiguer votre savoir et vos principes. Lesquels ne sont pas à sous-estimer, car ils restent très précieux... Même s'ils paraissent incomplets aux yeux de vos enfants

Pétri d'anecdotes, de jugements personnels, de souvenirs acquis de génération en génération, votre bagage s'est enrichi de toutes ces strates : il a pris de la saveur et, au fil des ans, forme le ciment d'une famille. Il en résulte une « culture maison » à la coloration si particulière. Racontée par un grand-père, la Seconde Guerre mondiale se chargera d'un peu d'humanité, indispensable pour comprendre les événements. Les parents doivent prendre confiance en eux : leur expérience ne vaut pas rien. Et puis, exprimer ses convictions ne signifie pas les imposer, ni retomber dans un autoritarisme désuet.

Aux enfants de moins de 13 ans, il est facile de faire passer des messages. D'autant que les plus jeunes éprouvent un vrai plaisir à avoir des activités avec leurs parents. Préparer un exposé ou prolonger un cours par une visite au musée, ou en allant voir un film, agrémente beaucoup le travail scolaire. Ne laissons pas tomber ces relations, sous prétexte que les enfants ne les réclament pas explicitement et semblent se débrouiller autrement. Cet accompagnement est l'occasion d'échanges. Il entretient aussi des rapports individuels et personnalisés avec l'un de ses enfants, ce qu'ils apprécient toujours car ils n'aiment guère être traités en masse avec leurs frères et sœurs.

Avec les adolescents, ce soutien est plus difficile à opérer, certes. Ne craignons pas pour autant de donner nos opinions. Ces futurs adultes ont besoin d'avoir en face d'eux des gens qui élaborent des réflexions personnelles, qui ont des convictions et qui les expriment. Ne renonçons pas sous prétexte que cela risquerait de créer des tensions. Il ne faut pas avoir peur des conflits. Ceux-ci sont utiles à l'élaboration de leur personnalité. Contrairement à ce que l'on croit souvent, une adolescence sans luttes ni orages passe plus difficilement.

Des vertus de la discussion

Les enfants se plaignent souvent que leurs parents ne leur parlent que de notes. Prenons-les au mot. Discutons autour d'un thème, échangeons nos opinions. C'est l'occasion de contacts personnels, riches et gratuits (pas scolaires). La conversation individuelle développe l'esprit critique, permet de pousser sa réflexion, de la conceptualiser, et apprend à élaborer une argumentation. Petit à petit, les adolescents prendront confiance dans leur jugement. S'ils ont tous tendance à répéter les mêmes choses, et à s'abriter derrière l'opinion dominante en cours dans leur génération, c'est souvent par manque de confiance en eux.

Montrons-leur que, sur un thème donné, un livre, un film, un événement de la vie politique, il existe des opinions divergentes. Au passage, ils y gagneront une meilleure connaissance de leurs parents. Les enfants ont souvent tendance à se contenter d'une image assez simpliste de leur père et de leur mère, les assimilant à leurs métiers respectifs, pensant que c'est là leur unique centre d'intérêt, oubliant qu'eux aussi ont des jardins secrets, que leur père aime le rock et la poésie, que leur mère est une passionnée d'histoire.

Pour qu'Internet n'accentue pas le fossé entre les générations, enrichissons ces contacts familiaux. Quelle que soit l'étendue des possibilités offertes par le Web, la transmission parentale restera toujours indispensable. Ne renvoyons pas non plus dos à dos ces deux formes de connaissance. N'adoptons pas une attitude de déni, mais d'ouverture. Ne jouons pas la concurrence, mais plutôt la complémentarité. Pour accueillir intelligemment cette masse d'informations qui déboule en flux continu chez nous, apprenons à nos enfants le discernement. Que ce soit l'occasion de plus d'échanges encore. Nous ne réglerons pas le problème simplement en limitant le temps passé devant l'ordinateur : il nous faut apprendre, nous aussi, à tirer le meilleur parti d'Internet.

Bibliographie

DELTEIL G., *Piège sur Internet*, Hachette Littérature, 1997.

DUMESNIL A. ET BESSE C., *Internet, mes parents et moi*, Éditions Louis Audibert, 2002.

GRALLA P. ET KINKOPH S., *Internet et les enfants, les précautions à prendre*, Campuspress, 2000.

KERDELLANT C. ET GRÉSILLON G., *Les Enfants Puces : comment Internet et les jeux vidéo fabriquent les adultes de demain*, Denoël, 2003.

KLEIN G., *Les Meilleures Adresses Web : Enfants*, Marabout, 2002.

OUDET B. ET DEVERGE M., *L'Internet des familles : le guide des parents responsables*, Éditions Bayard, 2001.

STORA M. ET DE DINECHIN B, *Guérir par le virtuel : une nouvelle approche thérapeutique*, Presses de la Renaissance, 2005.

Contacts utiles

Pour la protection et la sécurité de l'enfance

Le Bouclier : www.bouclier.org/
E-enfance : www.e-enfance.org/
Action Innocence : www.actioninnocence.org/
Action Innocence Filtra : www.aig-filtra.org/ informe sur l'efficacité des outils de filtrage pour le contrôle parental.
Gendarmerie : judiciaire@gendarmerie.defense.gouv.fr alerte les services de police sur les sites dangereux.
Le Point de contact : www.pointdecontact.net/ aide à lutter contre la pornographie enfantine, la pédophilie, la haine raciale, etc.

Pratique pour les enfants

Cyberpapy : www.cyberpapy.com/ des retraités offrent aux enfants un soutien scolaire gratuit, répondent à leurs questions, les conseillent, etc.

Remerciements

Nous tenons à remercier tout spécialement Ariane, Alexis, Thomas, Alexandre et Léopold, ainsi que Christine du Fretay, présidente de E-enfance, pour leur aide précieuse.

Table

Autres ouvrages de Béatrice Copper-Royer

Vos enfants ne sont pas des grandes personnes,
préface du Dr Alain Braconnier,
Albin Michel, 1999.

Peur du loup peur de tout, Albin Michel, 2003.

Non, tu n'es pas encore ado!
en collaboration avec Guillemette de La Borie,
Albin Michel, 2004.

Dans la même collection

Claude Allard et Cécile Dollé
Qu'est-ce qu'il y a à la télé ? – Aider nos enfants dans leur choix

Nadira Anacleto et Sylvie Baussier
On me dit de l'emmener chez l'orthophoniste – Est-ce vraiment nécessaire ?

Claudine Badey-Rodriguez et Rietje Vonk
Quand le caractère devient difficile avec l'âge – Aider nos parents sans se laisser dévorer

Dr Patrick Blachère et Sophie Rouchon
Petites infidélités dans le couple – Ça passe ou ça casse ?

Stéphane Bourcet et Isabelle Gravillon
Mon enfant a été agressé – Dans la rue, à l'école, à la maison...

Christine Brunet et Nadia Benlakhel
C'est pas bientôt fini, ce caprice ? – Les calmer sans s'énerver

Dr Dominique-Adèle Cassuto et Sophie Guillou
Ma fille se trouve trop ronde – Que dire, que faire ?

Gérard Chauveau et Carine Mayo
Il a du mal à apprendre à lire – Comment l'aider ?

Dr Stéphane Clerget et Pascale Leroy
Élever un garçon aujourd'hui – En faire un homme, pas un macho !

Dr Stéphane Clerget et Carine Mayo
Les pipis font de la résistance – Comment aider l'enfant à devenir propre ?

Béatrice Copper-Royer et Guillemette de La Borie
Non, tu n'es pas encore ado ! – Les 8-12 ans sont toujours des enfants

Jocelyne Dahan et Anne Lamy
Un seul parent à la maison – Assurer au jour le jour

Dr Patrice Huerre et Laurence Delpierre
Arrête de me parler sur ce ton ! – Comment réagir ?

Ginette Lespine et Sophie Guillou
Surmonter le chômage en famille – Comment rebondir ?

Professeur Daniel Marcelli et Christine Baudry
Qu'est-ce que ça sent dans ta chambre ? – Votre ado fume-t-il du hasch ?

Xavier Pommereau et Laurence Delpierre
En ce moment, mon ado m'inquiète – À tort ou à raison ?

Gérard Poussin et Anne Lamy
Réussir la garde alternée – Profiter des atouts, éviter les pièges

NICOLE PRIEUR ET ISABELLE GRAVILLON
Arrêtez de vous disputer! – Faut-il se mêler des conflits des enfants?

EMMANUELLE RIGON ET MARIE AUFFRET-PERICONE
Je rassure mon bébé – L'apaiser et l'encourager, de 0 à 2 ans

MYRIAM SZEJER ET MARIE AUFFRET-PERICONE
L'entrée à la maternelle – Une grande aventure pour l'enfant

DR MARIE-CLAUDE VALLEJO ET MIREILLE FRONTY
D'abord, t'es pas ma mère – Quelle place pour une belle-mère?

GILLES-MARIE VALLET ET ANNE LANCHON
Moi, j'aime pas trop l'école – Le comprendre, l'aider

Conception graphique et réalisation : Louise Daniel.
Impression : Bussière en 2006.
Éditions Albin Michel, 22, rue Huyghens, 75014 Paris.
www.albin-michel.fr

ISBN : 2-226-16908-3
N° d'édition : 24471. – N° d'impression : 062586/1.
Dépôt légal : septembre 2006.
Imprimé en France.